W0056126

So stell ich mir mein Leben vor

Sieben Orientierungspunkte

BRUNNEN

VERLAG GIESSEN · BASEL

Sieben Orientierungspunkte

Wie beginnt man eine Gesprächsgruppe

1. ZIEL: Einander kennen zu lernen und zu einer echten Gemeinschaft zusammenzuwachsen. Tragfähige Beziehungsbrücken ruhen auf drei Pfeilern: **Pfeiler Eins:** Kennen lernen. Wir erzählen unsere Geschichte – Wer bin ich? Was hat mich geformt und ist mir wichtig? Was sind meine Hoffnungen und Träume? **Pfeiler Zwei:** Annehmen und verstehen – Welche Erfahrung eines/r anderen kann ich teilen? Was möchte ich ergänzen oder mitnehmen? **Pfeiler Drei:** Bedürfnisse mitteilen – wir versuchen, gemeinsam die Spur Gottes im eigenen Leben zu entdecken: Womit kämpfe ich gerade? Wie könnte mein Weg weitergehen? Wo wünsche ich mir Hilfe von anderen, durch den Glauben oder von Gott?

2. ABLAUF: Zu jedem Treffen gehören drei Teile:

Einstieg	Bibelgespräch	Austausch

Ankommen, „auftauen" und sich kennen lernen	Einsichten, Fragen und Erfahrungen mit dem Glauben teilen	Freuden und Sorgen, Träume und Schwierig-keiten teilen

3. VIERERGRUPPEN: Sobald die Gruppe mehr als sieben Teilnehmer hat, ist es sinnvoll, zum Bibelgespräch Vierergruppen zu bilden. So hat jeder die Chance, sich am Gespräch zu beteiligen, und der vorgegebene Zeitrahmen kann eingehalten werden.

Einstieg: Große Runde	**Bibelgespräch:** Vierergruppen	**Austausch:** Große Runde

4. DER FREIE PLATZ: Wenn Sie sich zum Gespräch in Vierergruppen aufteilen, kann Ihre Gruppe wachsen, ohne zu schnell „zu groß" zu werden. Sie können am Ende jedes Treffens einen symbolischen freien Stuhl in die Runde stellen und darum beten, dass dieser freie Platz beim nächsten Treffen besetzt ist.

Zu diesem Kurs

ZIELSETZUNG

Worum geht es in diesem Kurs? Darum, das eigene Leben einmal einer Art Inspektion zu unterziehen: Welche Ziele, die ich mir einmal gesteckt habe, habe ich bereits erreicht? Stimmt mein Kurs noch, wenn ich das Leben, das ich mir einmal erträumt habe, verwirklichen will?

FÜR FRAGENDE UND SUCHENDE

Für wen ist dieser Kurs gedacht? Für Menschen, die nicht genau wissen, wie sie zu Gott stehen, es aber herausfinden möchten. Und für Menschen, die einen Anfang im Glauben gemacht haben und jetzt darin weiterkommen möchten.

VORAUS-SETZUNGEN

Kann ich jeden einladen, auch wenn er/sie kein „Kirchgänger" ist? Absolut! Es geht zwar auch um eine christliche Sicht der Dinge, aber sie wird nicht vorausgesetzt. Diese Gruppe könnte vielleicht gerade der richtige Ort sein für Menschen, die eine neue Orientierung in Glaubensfragen suchen.

THEMA

Womit wollen wir uns befassen? Während dieses Kurses werden Sie Gelegenheit haben, sechs Bereiche Ihres Lebens genauer unter die Lupe zu nehmen und sich klarzumachen, wo Sie auf dem Weg zur Verwirklichung Ihrer Lebensziele gerade stehen.

ERSTES TREFFEN

Was erwartet mich am Anfang? Beim ersten Treffen machen Sie sich mit der Gruppe vertraut und legen gemeinsame „Spielregeln" fest. In den folgenden Treffen haben Sie zwei Vorschläge für das Bibelgespräch zur Auswahl. Entscheiden Sie, welcher Weg für Ihre Gruppe interessanter ist und besser passt.

ZWEI ZUGÄNGE

Wie sehen diese beiden Wege aus? *Vorschlag 1*: Er eignet sich besonders für neue Gruppen, die mit dem Gespräch in Kleingruppen noch nicht so vertraut sind. Deswegen werden hier Fragen und Antwortmöglichkeiten angeboten, die Anlass zum Nachfragen und zum Gespräch bieten. Es gibt hier keine „richtigen" oder „falschen" Antworten.
Vorschlag 2: Dieser Zugang eignet sich für Gruppen, die bereits Erfahrungen mit Gesprächskreisen haben und tiefer in biblische Texte einsteigen möchten. Hier gibt es weiterführende Fragen und etwas theoretischere, lehrhafte Texte aus den neutestamentlichen Briefen.

BEIDE WEGE VERBINDEN

Kann man beide Wege kombinieren? Wenn genügend Zeit pro Treffen zur Verfügung steht (90 – 120 Min.), können Sie versuchen, beide Wege zu gehen. Oder Sie verwenden zwei Treffen für ein Thema und nähern sich dem Thema zuerst über Vorschlag 1 und beim nächsten Mal über den anderen Weg. Sie können auch einen Vorschlag zu Hause bearbeiten.

ZEITRAHMEN	**Wie lange dauert ein Treffen?** Sie sollten mindestens eine Stunde einplanen. Die Zeitangaben in diesem Heft sind auf diesen Minimalrahmen abgestimmt. Wenn Sie mehr als eine Stunde zur Verfügung haben, können Sie sich für einzelne Elemente mehr Zeit nehmen, vor allem für das biblische Gespräch und den Austausch. Halten Sie sich aber an die Zeiten, die Sie als Gruppe vereinbart haben.
EIN KURS FÜR KLEINGRUPPEN	**Was ist das Besondere an diesem Kurs?** Er ist speziell für Kleingruppen konzipiert, die nicht nur über ein bestimmtes Thema nachdenken, sondern gleichzeitig als Gruppe zusammenwachsen wollen.
BIBELKENNTNIS	**Und wenn ich mich in der Bibel nicht so gut auskenne?** Macht nichts. *Vorschlag 1* bietet eine biblische Geschichte, die für sich selbst spricht. Man kann über sie reden, auch wenn man sie zum ersten Mal hört. *Vorschlag 2:* Hier gibt es zu den Bibeltexten ERLÄUTERUNGEN, die Ihnen Hinweise zum Verständnis des Textes, größerer Zusammenhänge, einzelner Ausdrücke, geschichtlicher Hintergründe oder zu wichtigen Personen geben.
GEMEINSCHAFT	**Welche Zielsetzung liegt den Gesprächsimpulsen zum Bibeltext zugrunde?** Die Gesprächsimpulse zielen nicht auf „richtige" Antworten ab. Jeder/Jede Teilnehmer/in soll die Chance haben, von eigenen Glaubens– und Lebenserfahrungen zu erzählen. So können die Beziehungen untereinander und ein Zusammenhalt in der Gruppe wachsen.
GEBET	**Ist das gemeinsame Gebet verbindlich?** Nein, es ist ein Vorschlag. Jede Gruppe sollte ihre eigene Form des Gebets finden. Nicht jedem liegt die Form der Gebetsgemeinschaft, in der jede/r Teilnehmer/in eigene Anliegen formuliert. Sprechen Sie zu Beginn darüber, ob und wie Sie in Ihrer Gruppe miteinander beten wollen. Wo sich jemand nicht auf das gemeinsame Gebet einlassen kann, kann der/die Gesprächsleiter/in oder sonst jemand aus der Gruppe zum Abschluss ein Gebet sprechen.
SPIELREGELN	**Welche Regeln sollen in der Gruppe gelten?** Es hat sich als positiv erwiesen, sich anfangs über grundlegende **Spielregeln** zu verständigen. Einige Vorschläge dazu finden Sie auf S. 61/62.
HILFEN FÜR GRUPPENLEITER	**Wie kann ich mich als Leiter oder Leiterin noch besser vorbereiten?** Eine kompakte, praxisnahe Hilfe für Gruppenleiter, die besonders auf das Kursmaterial von Serendipity eingeht, finden Sie in dem Arbeitsheft: *Was Gruppenleiter wissen müssen* (Serendipity training, 64 Seiten, Brunnen Verlag, Gießen 1996. Best.Nr. 190701). Das Handbuch enthält alles, was Sie wissen müssen, um eine Kleingruppe erfolgreich zu leiten: Warum überhaupt Kleingruppen? – Welche Aufgaben hat der Gruppenleiter? – Was ist gute Kommunikation? – Wann ist eine Gruppe gesund? – Wie lange dauert es, bis Gemeinschaft entsteht? – Wie gründet man eine Gruppe? – Wo findet der Gruppenleiter Hilfe und Unterstützung?

EINHEIT EINS
Zum Kennenlernen

ABLAUF

 **Einstieg**    **Bibelgespräch**    **Austausch**

**EINFÜHRUNG
IN DAS THEMA**

Herzlich willkommen zu diesem Kurs, in dem Sie die Gelegenheit wahrnehmen können, eine Art von Inventur oder Standortbestimmung in Ihrem Leben vorzunehmen. Fasziniert Sie dieser Gedanke? Oder finden Sie ihn eher bedrohlich? Auf jeden Fall kann es eine Hilfe sein, eine solche Selbsteinschätzung nicht mit sich allein abzumachen, sondern den prüfenden Blick auf das eigene Leben in der tragenden Gemeinschaft einer Gruppe von Menschen mit ähnlichen Fragen zu riskieren.

Zu Beginn des Kurses sollten Sie die Einführung (S. 4-5) lesen und Fragen, die sich evtl. daraus ergeben, gemeinsam besprechen. Anschließend lesen Sie gemeinsam den Text zur Einführung in das Thema.

Selbsterfahrung steht seit Jahren in unserer Gesellschaft hoch im Kurs. Es scheint eine regelrechte Sucht danach zu geben, sich mit sich selbst und dem eigenen Leben zu beschäftigen. Von psychoanalytischen Persönlichkeitsprofilen bis hin zur Farbtypberatung ist das Feld der Selbstfindungsstrategien dicht bebaut. In Büchern und Zeitschriften werden Persönlichkeitstests abgedruckt, weil solche Checklisten zur Selbstfindung sehr beliebt sind. Wir wollen es schwarz auf weiß haben – wer wir sind und wie wir im Vergleich mit anderen dastehen. Trotzdem fragen sich viele, ob man die ganze Vielfalt einer Person mit einem einfachen Test messen und festhalten kann. Denn zu unserem Leben gehört eben auch ein weit weniger wissenschaftlicher Maßstab – die Frage, wie andere uns einschätzen und wie sie uns begegnen. Um diese und ähnliche Fragen soll es in dieser Gruppe gehen.

Eine Selbsteinschätzung kann eine sehr bereichernde Erfahrung sein. Doch sie kann auch Angst machen. Was passiert, wenn mir das, was ich da entdecke, nicht gefällt? Vor diesem Problem stehen nicht wenige, die sich auf den Weg zu sich selbst begeben haben. Viele lassen dabei einen entscheidenden Faktor außer Acht: Sie betrachten sich selbst, aber sie tun es gleichsam in einem Vakuum. Sie setzen das eigene Leben nicht in Beziehung – weder zu Menschen noch zu Gott oder zu bestimmten Werten, die sich etwa aus dem Glauben ergeben. Wenn wir in den nächsten Wochen unser Leben einer Inspektion unterziehen, wollen wir auch immer berücksichtigen, was die Bibel zu unseren Fragen zu sagen hat. Das ist nicht immer nur beruhigend; möglicherweise werden wir auch auf Herausforderungen oder Zumutungen stoßen. Eine ehrliche Selbsteinschätzung wird dann bedeuten, dass wir unser Wesen und Handeln am Wesen und Handeln Jesu messen. Als Christen können wir unser Leben nur dann einer Inventur unterziehen, wenn wir den Ruf Jesu in die Nachfolge ernst nehmen.

In den nächsten Wochen werden Sie die Gelegenheit haben, sechs Bereiche Ihres Lebens genauer zu betrachten und sich klar zu machen, wo Sie auf dem Weg zur Verwirklichung Ihres Lebenstraums tatsächlich stehen.

Meine Prioritäten   Mein Lebensstil

Mein Beruf   Mein Umgang mit meiner Zeit

Mein Umgang mit meinem Geld Meine Hoffnungen für die Zukunft

DREI TEILE JEDES TREFFENS | Jedes Treffen hat drei immer wiederkehrende Bausteine: (1) den *Einstieg* – hier wollen wir uns kennen lernen und einen – meist spielerisch-humorvollen – Einstieg ins Thema finden; (2) das *Bibelgespräch* – in einem Gespräch über einen Bibeltext kommt auch unser eigenes Leben zur Sprache, und (3) den *Austausch* – hier haben wir die Möglichkeit, etwas persönlicher zu werden, praktische Schritte für den Alltag zu finden, Gebetsanliegen zu nennen und füreinander zu beten.

EINSTIEG
15 – 20 Minuten / Große Runde

Diese Einstiegsrunde ist dazu da, erst einmal anzukommen und im Lauf der Zeit mehr voneinander zu erfahren. Erfahrungsgemäß hilft es allen „aufzutauen", wenn der Gesprächsleiter die Einstiegsrunde mit seinem Beitrag eröffnet.

ZUM KENNENLERNEN | **Reise in die Vergangenheit.** Je mehr wir voneinander wissen, umso besser können wir uns kennen lernen. Unsere Kindheitserinnerungen zum Beispiel sagen viel über uns aus. Haben Sie den Mut, etwas aus Ihrer Kindheitsschatzkiste mitzuteilen! Wählen Sie aus den unten genannten Themen zwei aus und präsentieren Sie den anderen etwas aus Ihrem Erinnerungsschatz. Wenn Ihnen noch genügend Zeit bleibt, können Sie auch noch eine zweite Runde beginnen.

- ✗ **Home, Sweet Home**: Welche Erinnerungen haben Sie an Ihr Zuhause aus Kindheitstagen?
- ✗ **Fernsehen**: Was waren Ihre Lieblingssendungen?
- ✗ **Schule**: Hatten Sie ein Lieblingsfach? Was mochten Sie überhaupt nicht? Gibt es vielleicht besonders glückliche oder besonders grässliche Erinnerungen?
- ✗ **Lesefutter**: Welche Bücher haben Sie als Kind besonders beeindruckt? Wohin haben Sie sich am liebsten zum Lesen zurückgezogen?
- ✗ **Kino**: Wer war Ihr Lieblingsfilmstar?
- ✗ **Finanzen**: Was taten Sie, um sich das Taschengeld aufzubessern?
- ✗ **Sport**: Welche Sportart mochten Sie am liebsten? Gab es eine Mannschaft, zu deren Fans Sie sich zählten?
- ✗ **Die gute alte Zeit**: Welche Erinnerungen haben Sie an Ihre Großeltern?
- ✗ **Kindheitssünden**: Aus welcher brenzligen Situation sind Sie noch einmal glimpflich herausgekommen?

✗ **Wochenend und Sonnenschein**: Was haben Sie am Wochenende am liebsten getan oder am meisten gehasst? Wie sah der typische Samstagabend Ihrer Kindheit aus?

✗ **Ferien**: An welchen Familienurlaub erinnern Sie sich noch heute besonders gut?

BIBELGESPRÄCH
30 – 40 Minuten / Vierergruppen

Der Mut, echt zu sein
Lukas 18,9-14

In dem folgenden Gleichnis geht es um zwei sehr unterschiedliche Menschen. Der Pharisäer gehörte einer sehr strengen Gruppierung innerhalb des Judentums an, die das richtige Verhältnis zu Gott an der genauen Einhaltung der Gesetze maßen. Moderne Leser sehen die Pharisäer sofort als „die Bösen" an, doch die Zuhörer, an die dieses Gleichnis zuerst gerichtet war, achteten die Pharisäer als gottesfürchtige und vorbildliche Männer. Auch der Zolleinnehmer war Jude, doch er war zu den römischen Besatzern übergelaufen. Die Zuhörer in Jesu Tagen verachteten Zolleinnehmer als Diebe, die die eigenen Landleute bestahlen. Man betrachtete sie als Verräter, denn Sie arbeiteten (meist auf unredliche Weise) mit den römischen Behörden zusammen, um sich selbst zu bereichern.

[9] **Mit einem Gleichnis wollte Jesus die Leute treffen, die sich gerecht vorkamen und hochmütig auf andere herabsahen:** [10] **„Zwei Männer, ein Pharisäer und ein Zolleinnehmer, gingen in den Tempel, um zu beten.** [11] **Selbstsicher stand der Pharisäer dort und betete: ‚Ich danke dir, Gott, dass ich nicht so bin wie andere Leute. Ich bin kein Räuber, kein Gottloser, kein Ehebrecher und schon gar nicht wie dieser Zolleinnehmer da hinten.** [12] **Ich faste zweimal in der Woche, und von allen meinen Einkünften gebe ich den zehnten Teil für Gott.'** [13] **Aber der Zolleinnehmer blieb verlegen am Eingang stehen und wagte kaum aufzusehen. Schuldbewusst betete er: ‚Gott! Vergib mir, ich weiß, dass ich ein Sünder bin!'** [14] **Ihr könnt sicher sein, dieser Mann ging von seiner Schuld befreit nach Hause, nicht aber der Pharisäer. Denn der Stolze wird gedemütigt, und der Demütige wird erhöht werden."**

1. Wie wirkt das Verhalten des Pharisäers in dieser Geschichte auf Sie?
   ❑ Er tut mir Leid.
   ❑ Er macht mich wütend.
   ❑ Ich finde ihn unerträglich überheblich.
   ❑ Ich kann ihn gut verstehen.
   ❑ _____

Der Bibeltext wird von einem oder reihum von mehreren Teilnehmern vorgelesen. Die anschließenden Fragen geben Ihnen einen Leitfaden für ein Gespräch. Am Anfang bewährt es sich, dass alle sich nacheinander zur jeweiligen Frage äußern. Achten Sie darauf, dass jede/r zu Wort kommt und dass Sie das Gespräch in der vereinbarten Zeit beenden.

2. Warum hat sich der Pharisäer Ihrer Meinung nach wohl so verhalten?
   - ❑ Er redete aus echter Dankbarkeit.
   - ❑ Er war arrogant und selbstgerecht.
   - ❑ Er kannte keine andere „fromme" Haltung.
   - ❑ Er konnte anderen gegenüber nicht echt sein.
   - ❑ Er konnte sich selbst gegenüber nicht echt sein.
   - ❑ _____

3. Wie wirkt der Zolleinnehmer auf Sie?
   - ❑ Der ist wenigstens ehrlich.
   - ❑ Mit ihm kann ich mich identifizieren.
   - ❑ Der hat Nerven. – Erst betrügt er die Leute und dann so was!
   - ❑ Ich denke, er ist genauso wenig echt wie der Pharisäer.
   - ❑ Kommt drauf an, ob sich sein Verhalten nach diesem Gebet geändert hat.
   - ❑ _____

4. Warum hat sich der Zolleinnehmer Ihrer Ansicht nach so verhalten?
   - ❑ Aus echter Einsicht, dass er falsch gehandelt hatte.
   - ❑ Er wollte bedauert werden.
   - ❑ Er besaß keine Selbstachtung.
   - ❑ Er versuchte, mit Gott zu handeln.
   - ❑ Er war am Ende.
   - ❑ _____

„Gott weiß, dass ich nicht der bin, der ich sein sollte. Ich bin noch nicht einmal der, der ich sein könnte."
Robert Burns

5. Wie viel vom Pharisäer / Zolleinnehmer steckt in Ihnen? Tragen Sie eine entsprechende Prozentzahl ein – die Summe sollte 100 Prozent ergeben.
   Ich erkenne in mir _____ % von diesem Pharisäer und _____ % von diesem Zolleinnehmer.

6. Welche der Fähigkeiten und Aufgaben in Ihrem Leben vermittelt Ihnen am meisten Selbstwertgefühl?
   - ❑ mein Beruf
   - ❑ meine Ehe
   - ❑ die Erziehung meiner Kinder
   - ❑ mein Glaube
   - ❑ meine Intelligenz
   - ❑ das, was ich erreicht habe
   - ❑ die Diplome und Abschlüsse, die ich mir erworben habe
   - ❑ meine sportlichen Leistungen / meine Vitalität
   - ❑ mein Einkommen / mein Besitz
   - ❑ Freundschaften / die Menschen, die ich kenne
   - ❑ _____

7. Mal ganz ehrlich – wie schätzen Sie sich selbst momentan ein? Machen Sie an der entsprechenden Stelle der Linien ein Kreuz.

   Ich versuche, meine Fehler _____ Ich stehe für meine Fehler
   zu entschuldigen. gerade.

   Ich mache mich ständig _____ Ich sehe mich mit den
   selbst nieder. Augen Gottes.

   Andere lehnen mich ab. _____ Andere akzeptieren mich.

   Gott lehnt mich ab. _____ Gott nimmt mich an.

8. Wem gegenüber können Sie „ganz echt" sein, wenn Sie von Ihrem Leben erzählen – und zwar nicht nur von den Sonnenseiten?

❏ meinem Ehepartner ❏ meinen Eltern
❏ einem anderen Angehörigen ❏ einer/m gute/n Freund/in
❏ meinem/r Pfarrer/in ❏ innerhalb dieser Gruppe
❏ Es gibt niemanden. ❏ _____

9. Wie fühlen Sie sich bei dem Gedanken, eine Art Bestandsaufnahme im Blick auf Ihr Leben durchzuführen und innerhalb dieser Gruppe auch über sehr persönliche Dinge zu reden?

❏ Unwohl – über solche Dinge rede ich gewöhnlich nicht.
❏ Das macht mir Angst – Ich weiß nicht, ob ich über diese Dinge reden will.
❏ Damit kann ich umgehen.
❏ Froh – ich brauche einen solchen Austausch.
❏ Begeistert – ich liebe solche Gespräche.
❏ Ich weiß nicht recht.
❏ _____

AUSTAUSCH
20 – 40 Minuten / Große Runde

Wen könnten Sie zu dieser Gruppe einladen?

Kommen Sie wieder in der Gesamtgruppe zusammen. Die folgenden Schritte geben Anregungen für einen persönlichen Austausch.

Ein ganz entscheidendes Element jedes Treffens ist der Austausch – die Zeit, die Sie sich nehmen, um persönliche Anliegen mitzuteilen und füreinander zu beten. Damit dieser Austausch nicht untergeht, sollten Sie ein Zeitminimum festlegen, das dafür reserviert bleibt. Wenn Sie zum Beispiel die Gruppentreffen um 21.00 Uhr beenden und jeweils 30 Minuten für den Austausch reservieren wollen, sollte eine Person aus Ihrer Gruppe die Aufgabe haben, um 20.30 Uhr daran zu erinnern, das Bibelgespräch zu beenden. Am Beginn des Austauschs heute kann die Frage stehen:

„In welchen Anliegen können wir einander in der kommenden Woche durch unser Gebet unterstützen?"

GEBET

Vielleicht ist Ihnen das gemeinsame Gebet schon vertraut. Aber auch wenn Sie noch nie in einer Gruppe gebetet haben, können Sie einen Anfang wagen. Ein einziger Satz genügt. Schließen Sie mit einem „Amen", dann wird klar, dass jemand anderes fortfahren kann. Folgender Satz kann eine Hilfe zum Einstieg sein:

„Herr, ich möchte dir danken für … Im Blick auf die kommende Woche beschäftigt mich … Ich bitte dich, … "

KONKRETE SCHRITTE

Tragen Sie gegenseitig die Adressen aller Teilnehmer/innen in das Kursheft ein (Umschlagseite vorn). So können Sie sich auch unter der Woche erreichen und in Kontakt bleiben.

Meine Prioritäten

ABLAUF

 Einstieg    Bibelgespräch    Austausch

EINFÜHRUNG INS THEMA

Es erscheint logisch, die persönliche Selbsteinschätzung mit der Frage nach unseren Prioritäten zu beginnen. „Wer sich nichts zum Ziel setzt, wird genau das erreichen" – dieser Satz stimmt leider nur allzu gut. Wenn wir eine Standortbestimmung in unserem Leben vornehmen wollen, sollten wir uns zuallererst fragen, wo wir eigentlich hin wollen. Wie sieht das Leben, von dem ich träume, aus? Welche Ziele habe ich? Was ist mir am wichtigsten? Was ist nötig, damit ich dieses Ziel erreiche? Was muss ich tun oder ändern, damit mein Lebensstil mit meinen Zielen und Prioritäten im Einklang steht?

Wenn es um Ziele und Prioritäten geht, verfällt man leicht in Extreme. Entweder ist man versucht zu sagen: „Es kommt, wie es kommt." Wir möchten das Leben so nehmen, wie es kommt, und uns nicht mit einem Haufen unerreichter Erwartungen herumschlagen. Zugleich spüren wir, dass der Mensch mit dem Bestreben geschaffen wurde, im Leben etwas zu schaffen, zu gestalten, zu erreichen.

Das andere Extrem ist eine „Alles hängt von mir ab"-Haltung gegenüber dem Leben. Es scheint, als könnten wir unseren eigenen inneren Erwartungen niemals genügen und wir haben ständig mit Frustration und Schuldgefühlen zu kämpfen. Bei manchen ist der Zwang, sich Ziele zu setzen, so stark, dass sie nicht im Hier und Heute leben können und keine echte Freude empfinden, wenn sie ihre Ziele erreicht haben.

Falls neue Teilnehmer/innen zur Gruppe hinzugestoßen sind, sollten Sie noch einmal kurz über die Grundziele dieses Kurses sprechen (s. S. 4).

Wählen Sie einen Vorschlag für das Bibelgespräch. Als Entscheidungshilfe können einige klärende Bemerkungen des/der Gesprächsleiters/in angebracht sein.

Die Bibel zeigt uns einen Weg zwischen diesen beiden Extremen. Gott hat einen Plan für unser Leben – sowohl in den großen Zügen unserer persönlichen Berufung als auch in den Grundsätzen für die kleinen Entscheidungen unseres Alltags. Gewiss – immer wieder bleiben wir hinter diesen Maßstäben zurück; das ist eine allgemeine Erfahrung. Trotzdem: Gott hat uns mit der Fähigkeit und dem Verlangen geschaffen, uns Ziele und Prioritäten zu setzen. Er hat uns den Heiligen Geist gegeben, der uns befähigt, unseren Prioritäten gemäß zu leben – zu unserem Besten und zu Gottes Ehre. Und er möchte, dass wir uns am Leben freuen, während wir noch unterwegs sind zu diesen Zielen, und jeden Tag als eine Chance und ein Geschenk ansehen.

Um richtige Prioritäten soll es heute gehen. Beim *Vorschlag 1* (aus dem Lukasevangelium) geht es um eine Begebenheit, in der Jesus zwei Schwestern deutlich macht, was wirklich zählt im Leben. Der Text für *Vorschlag 2* (aus dem Brief des Paulus an die Philipper) zeigt uns, was die treibende Kraft im Leben des Apostels Paulus war.

Das heutige Thema baut auf dem letzten Treffen auf, bei dem es um das „Echtsein" ging. Ein Ziel dieses Kurses ist es, dass wir im Gespräch miteinander lernen, uns selbst richtig einzuschätzen. Achten Sie darauf, dass genügend Zeit für den Austausch bleibt: das persönliche Gespräch ist ein Kernelement dieser Gruppe.

EINSTIEG
15 – 20 Minuten / Große Runde

Aktienfonds. Sie haben überraschend eine Erbschaft gemacht und möchten 10.000 Euro daraus in verschiedene Aktienfonds investieren. Die folgenden Organisationen bemühen sich, Sie als Anleger zu gewinnen. Wie viel investieren Sie wofür? Betrachten Sie die diversen Fonds der Reihe nach und lassen Sie jede/n Teilnehmer/in sagen, wie viel er/sie in diesen „Aktienfonds" investieren möchte.

_____ **Aktienfonds „Wahre Liebe wächst":** Die AG garantiert Ihnen, Ihre Ehe zu einer stabilen, harmonischen und romantischen Partnerschaft zu machen. Sie bietet ihren Aktionären z.B. Kurse in Gesprächsführung für Ehepartner und Unterstützung für ein harmonisches, erfülltes Familienleben.

_____ **Stiftung Zeitplanung „Time and more":** Die Organisation hilft Ihnen, Ihre Zeit optimal zu nutzen und zu einer ausgewogenen Lebensweise zu finden. Ihr Anlageberater empfiehlt die Stiftung als „die beste Investitionsmöglichkeit für Menschen, die zu beschäftigt sind, um Zeit für das wirklich Wichtige zu haben".

_____ **Genossenschaft „Karriereleiter":** Für Ihre Geldanlage nehmen Sie teil an einem Sonderförderprogramm „Berufung und Berufserfolg". Sie erhalten Hilfe bei der Kontaktaufnahme mit wichtigen Personen Ihrer Branche und eine „Berufszufriedenheitsgarantie" mit lebenslänglicher Laufzeit.

_____ **Investmentfonds Spiritualität:** In diesem Fond besteht die Dividende darin, dass Sie deutliche Wachstumsschritte in Ihrem Glauben und in Ihrer Beziehung zu Gott machen. Sie lernen, Ihre Mitmenschen und Gott immer mehr zu lieben, und Ihr Einsatz in der Gemeinde macht Ihnen immer mehr Freude.

_____ **Stiftung „Rettet die Tradition":** Ziel dieser Stiftung ist die Bewahrung von Werten und Traditionen im Sinne unserer Vorfahren. Sie können wählen, ob Ihr Geld in wertstabilen Sonderfonds angelegt werden soll, z. B. „Autorität in der Erziehung", „Faire Geschäftsbeziehungen", „Ohne Fleiß kein Preis", „Förderkreis glaubwürdige Politiker".

Anlegergemeinschaft „Freunde fürs Leben": Hier wird die Dividende in Form von vertieften Freundschaften und vertrauensvollen Beziehungen gezahlt. Versprochen werden Gewinne, „die nicht in Gold aufzuwiegen" sind.

Aktienpaket „Reif für die Insel": Diese Anlageform bietet Ihnen Erholung und Ruhe an den exotischsten Orten der Welt. Ein guter Fond für jeden, der sich mal wieder etwas Zeit für sich selbst nehmen sollte.

Versicherungspolice „Zieht euch warm an": Die Versicherung zahlt Entschädigungsgelder für Regentage und bietet satte Dividenden für magere Zeiten. Die ideale Vorbeugung gegen jede Art von unvorhergesehenen Katastrophen, durch die Sie endlich alle Ihre Sorgen vergessen können.

Investmentfonds „Future Generation": Der Fonds zahlt erwirtschaftete Dividenden nicht an die Anteilseigner, sondern investiert in Ausbildungsprogramme in Ländern der Dritten Welt. Die Aktionäre verpflichten sich, begabte Studenten durch persönliche Patenschaften zu unterstützen und so einen Beitrag für die Zukunft der nachfolgenden Generation zu leisten.

BIBELGESPRÄCH
30 – 40 Minuten / Vierergruppen

Wenn Ihre Gruppe mehr als 7 Personen umfasst, ist eine Aufteilung in Vierergruppen sinnvoll (immer in neuer Zusammensetzung). Jede Gruppe bestimmt jemanden, der/die darauf achtet, dass das Gespräch innerhalb der vereinbarten Zeit abgeschlossen wird.

VORSCHLAG 1

Wissen, was dran ist
Lukas 10,38-42

[38] **Jesus kam mit seinen Jüngern in ein Dorf, wo sie bei einer Frau aufgenommen wurden, die Martha hieß.** [39] **Maria, ihre Schwester, setzte sich zu Jesus und hörte ihm aufmerksam zu.** [40] **Martha aber war unentwegt mit der Bewirtung ihrer Gäste beschäftigt. Schließlich kam sie zu Jesus und fragte:**

Der Bibeltext wird von einem oder reihum laut vorgelesen. Die anschließenden Fragen geben Ihnen einen Leitfaden für ein Gespräch.

„Herr, siehst du nicht, dass meine Schwester mir gar nicht hilft? Sie überlässt mir die ganze Arbeit. Kannst du ihr nicht sagen, dass auch sie etwas tun soll?" 41 Doch Jesus antwortete ihr: „Martha, Martha, du machst dir viel Sorgen und mühst dich um Dinge, die im Grunde nicht so wichtig sind. 42 Wichtig ist nur eins! Das hat Maria verstanden, und davon werde ich sie nicht abbringen."

1. Was glauben Sie, warum hat sich Martha so abgeplagt?
   - ❏ Sie hatte keinen Sinn für Kleingruppen-Gesprächsrunden.
   - ❏ Sie war eben eine „Macherin". Es entsprach Ihrer Persönlichkeit.
   - ❏ Schließlich war sie für den Haushalt zuständig.
   - ❏ Ihre Gabe war das Dienen.
   - ❏ Sie hatte nicht den Eindruck, etwas zu verpassen, wenn sie nicht bei Jesus saß.
   - ❏ Es war ihre Art, Jesus ihr „Willkommen" auszudrücken.
   - ❏ _____

> „Ich werde mein irdisches Dasein als vertan betrachten, wenn ich nicht auf drei Dinge zurückblicken kann: ein liebevolles Familienleben, ein anhaltendes Engagement für andere Menschen und den ernsthaften Versuch, dem Gott zu dienen, der mich geschaffen hat."
> James Dobson

2. Warum saß Maria Ihrer Ansicht nach bei Jesus?
   - ❏ Sie wollte da sein, um Jesus zu bedienen.
   - ❏ Sie hatte ein Gespür dafür, dass jetzt gerade nichts wichtiger war als er.
   - ❏ Sie war ein echter „Gemeinschaftstyp".
   - ❏ Sie hatte gemerkt, dass sie von Jesus etwas Lebenswichtiges lernen konnte.
   - ❏ Haushaltskram lag ihr nicht.
   - ❏ Jesus bedeutete ihr viel und sie wollte keine Minute verpassen, in der sie in seiner Nähe sein konnte.
   - ❏ _____

3. Wenn Sie sich mit den beiden Schwestern vergleichen – welcher der beiden ähneln Sie mehr?
   - ❏ Martha – vor lauter Arbeit verpasse ich manchmal das Wesentliche.
   - ❏ Maria – wenn die Situation es erfordert, kann ich meine Alltagsroutine über Bord werfen.

4. Wie hätten Sie an Marthas Stelle auf die Bemerkung Jesu reagiert?
   - ❏ Ich hätte mich etwas pikiert zurückgezogen.
   - ❏ Ich hätte gedacht: „Der muss ja nicht tagtäglich mit meiner Schwester auskommen."
   - ❏ Ich wäre ausgeflippt.
   - ❏ Ich hätte erklärt, warum ich Hilfe brauchte.
   - ❏ Ich hätte den Hinweis angenommen, mich zu Maria gesetzt, und das Abendessen wäre halt angebrannt.
   - ❏ _____

5. Was wollte Jesus Martha sagen?
   - ❏ Sie soll sich abregen.
   - ❏ Es gibt Situationen, in denen nur eines wichtig ist.

❑ Sie hat ihre Prioritäten falsch gesetzt.

❑ Arbeit ist unwichtig.

❑ Menschen sind wichtiger als Aufgaben.

❑ „Sich zu Jesus zu setzen" ist wichtiger als alles andere.

❑ _____

6. Wenn Jesus heute bei Ihnen vorbeikommen würde und Sie in Ihrem Alltag beobachtete – was würde er Ihnen wohl raten?

❑ „Schalte mal einen Gang zurück und komm zu dir selbst."

❑ „Überlege dir, was wichtig ist, und dann tu's."

❑ „Nimm dir mehr Zeit für mich."

❑ „Mach dir keine Sorgen um Dinge, die du ohnehin nicht ändern kannst."

❑ „Hab etwas mehr Verständnis für die anderen aus deiner Familie."

❑ „Kümmere dich ebenso gut um dein geistliches Leben, wie du dich um deinen Körper kümmerst."

❑ _____

7. Gibt es Bereiche Ihres Lebens, in denen Sie Ihre Prioritäten neu ordnen müssen?

❑ im Glaubensleben

❑ in der Familie

❑ im Beruf

❑ bei den Freizeitaktivitäten

❑ im Umgang mit meinem Körper

❑ bei meinen Essgewohnheiten

❑ _____

8. Was ist das Eine, das wichtig ist, damit Sie Ihre Prioritäten richtig ordnen können?

❑ Ich muss eine „Martha" finden, die meine Arbeit erledigt.

❑ Ich muss so gelassen werden wie Maria.

❑ Ich muss Jesus erst einmal zuhören – vielleicht erkenne ich dann, was dieses „Eine" ist.

❑ Ich muss mich immer wieder am Wort Jesu orientieren.

❑ _____

9. Wie könnten Ihnen andere aus dieser Gruppe oder aus Ihrer Gemeinde dabei helfen?

❑ Indem sie mir helfen zu verstehen, was in mir vorgeht.

❑ Indem sie mich in Ruhe lassen.

❑ Indem sie mir sagen, dass ich so sein darf, wie ich bin.

❑ Indem sie erzählen, wie sie selbst mit Schwierigkeiten und Prioritäten umgehen.

❑ Indem sie mir Mut machen, das, was in mir steckt, zu entfalten.

❑ _____

Zielorientiert leben
Philipper 3,12-17.20.21; 4,1

Am Ende dieser Einheit finden Sie Erläuterungen zum Bibeltext, die Ihnen helfen sollen, den Text besser zu verstehen (s.S. 18f.).

In seinem Brief an die Philipper gibt Paulus kurz vor dem hier ausgewählten Text Auskunft über das, was ihm wichtiger ist als alles andere: „Um Christus allein geht es mir. Ihn will ich immer besser kennen lernen und die Kraft seiner Auferstehung erfahren ..." Nun schreibt er, dass wir in diesem Leben im Glauben zwar nicht vollkommen sein können; dennoch sollen wir uns zum Ziel setzen, Christus vollkommen gleich zu werden. Lesen Sie den Text und sprechen Sie in den Vierergruppen über die Fragen.

[12] Dabei ist mir klar, dass ich dies alles noch lange nicht erreicht habe, dass ich noch nicht am Ziel bin. Doch ich setze alles daran, das Ziel zu erreichen, damit der Siegespreis einmal mir gehört, wie ich jetzt schon zu Christus gehöre. [13] Wie gesagt, meine lieben Brüder, ich weiß genau: Noch habe ich den Preis nicht in der Hand. Aber eins steht fest, dass ich alles vergessen will, was hinter mir liegt. Ich konzentriere mich nur noch auf das vor mir liegende Ziel. [14] Mit aller Kraft laufe ich darauf zu, um den Siegespreis zu gewinnen, das Leben in Gottes Herrlichkeit. Denn dazu hat uns Gott durch Jesus Christus berufen. [15] Wir alle, die wir auf dem Weg zum Ziel sind, wollen uns so verhalten. Wenn ihr in dem einen oder anderen Punkt nicht meiner Meinung seid, wird Gott euch Klarheit und Einsicht schenken. [16] Doch an dem, was ihr schon erreicht habt, müsst ihr auch festhalten. Bleibt nicht auf halbem Wege stehen! [17] Liebe Brüder, nehmt euch ein Beispiel an mir und an den Menschen, die so leben wie ich. ... [20] Unser Bürgerrecht aber haben wir im Himmel. Von dort erwarten wir auch Jesus Christus, unseren Retter. [21] Dann wird unser hinfälliger, sterblicher Leib verwandelt und seinem auferstandenen, unvergänglichen Leib gleich werden. Denn Christus hat die Macht über alles.
4 [1] Darum, meine lieben Brüder, bleibt fest in euerm Glauben an den Herrn Jesus Christus! Ich habe große Sehnsucht nach euch, denn ihr seid meine ganze Freude, die Krönung meiner Arbeit.

„Mach dir den Himmel zum Ziel, und du bekommst diese Welt gratis dazu. Mach dir die Erde zum Ziel, und du verlierst beides."
C. S. Lewis

1. Welche Preise, die Sie bekamen, oder persönlichen Leistungen (z.B. im Sport, in der Musik, in der Schule, am Arbeitsplatz usw.) bedeuten Ihnen am meisten?

2. Welches Ziel haben Sie in letzter Zeit erreicht? Auf welches Ziel arbeiten Sie noch hin?

3. Paulus benutzt das Bild eines Wettlaufs. Wo sieht er sich selbst in seinem Glaubensleben? Um welchen Preis kämpft er (s. Anmerkung zu 3,14)?

4. Wofür setzen Sie sich mit aller Kraft ein? In welchem Bereich Ihres Lebens bemühen Sie sich am meisten um Bestleistungen?

5. Warum meint Paulus, es sei nötig, im Blick auf den Glauben die Vergangenheit hinter uns zu lassen und unseren Blick ganz auf die

Zukunft zu richten? Wie gut können Sie auf Neues zugehen und das Alte hinter sich lassen?

6. Welchen Rat gibt Paulus jemandem, der sich nicht sicher ist, welche Prioritäten er sich für sein Leben setzen soll (vgl. 3,17)? Wen haben Sie sich für Ihr Leben zum Vorbild gesetzt?

7. Welche Rolle spielt Ihre Staatsangehörigkeit in Ihrem Leben? Fühlen Sie sich als „Bürger des Himmelreichs" (3,20f) in dieser Welt eher im Exil oder sind Sie hier eher doch ganz heimisch? Welche Konsequenzen könnte Ihre „geistliche Staatsbürgerschaft" haben?

8. Vergleichen Sie Ihr Christsein mit einem Wettlauf. – Wo stehen Sie momentan? Sitzen Sie noch auf der Zuschauertribüne? Laufen Sie sich gerade warm? Kauern Sie am Startblock? Sind Sie gerade im Endspurt? Holen Sie das Letzte aus sich heraus? Oder haben Sie schon aufgegeben?

9. Wo müssen Sie Ihre Prioritäten anders setzen, um „mit aller Kraft auf [das Ziel] zuzulaufen", zu dem Gott Sie berufen hat? Kann es für Sie hilfreich sein, in dieser Gruppe immer wieder einmal über Ihre Fortschritte zu berichten oder von den anderen danach gefragt zu werden?

AUSTAUSCH
20 – 40 Minuten / Große Runde

Wen könnten Sie zu dieser Kleingruppe einladen?

Im Bibeltext zu Vorschlag 1 sagte Jesus über Martha, sie mache sich viel Sorgen und unnötige Mühe.
Um welche Dinge machen Sie sich gerade besonders viel Sorgen? Was treibt Sie besonders um?

GEBET

Geben Sie jedem Gruppenmitglied Gelegenheit, mitzuteilen, was ihn oder sie gerade beschäftigt. Anschließend können Sie für die genannten Anliegen beten. So könnte z.B. jede/r für das Anliegen seines/seiner rechten Nachbarn/Nachbarin beten. Wem es schwer fällt, laut zu beten, dem kann der folgende Satz als Einstieg helfen:
„Herr, ich bitte dich für _____ (Name und Anliegen nennen)."

KONKRETE SCHRITTE

Bitten Sie Gott außerdem, den leeren Stuhl in Ihrer Mitte zu füllen und Ihren Kreis zu vergrößern.

17

Zusammenfassung. Im vorangehenden Abschnitt hat Paulus sich sozusagen ins Herz blicken lassen: Hatte er sich früher auf seine makellose Herkunft und sein Bemühen um die Erfüllung des Gesetzes verlassen, so ist nun sein höchstes Ziel, Christus kennen zu lernen und sein Leben von ihm prägen zu lassen. Dieser Wunsch treibt ihn an, diese Sehnsucht bestimmt ihn. Im vorliegenden Abschnitt beschreibt er nun genauer, was es bedeutet, so mit Jesus verbunden zu sein. Zugleich warnt er davor zu meinen, man habe dieses geistliche Ziel bereits erlangt und sei in seinem Glauben vollkommen. Paulus fordert die Philipper auf, sich dieses Ziel, Christus immer besser zu kennen, ebenfalls zu Eigen zu machen (Verse 15-17). Der Hinweis darauf, dass Christen ihr eigentliches Heimatrecht nicht in dieser Welt haben (V. 20) unterstützt den Gedanken, dass das Leben im Glauben eine Wanderung zu dieser Heimat hin ist.

3,12. Paulus sagt deutlich, dass er in seinem Glaubensleben noch keine Vollkommenheit erreicht hat; auch er hat das Geheimnis Christi noch nicht vollständig ergründet.
erreicht. Das griechische Wort an dieser Stelle ist nicht leicht zu übersetzen, da es viele Bedeutungen besitzt. Man kann es übersetzen mit „in den Griff bekommen", „erfassen", „verstehen", aber auch mit „erreichen". Hier beschreibt es eine umfassende Gemeinschaft des Glaubenden mit Christus, in der geistlich, intellektuell und lebenspraktisch das Geheimnis Christi vollkommen erkannt und gelebt wird.
Ich setze alles daran, das Ziel zu erreichen. Im Gegensatz zu den esoterischen Sekten seiner Zeit, die ihren Anhängern ein Geheimwissen anboten, mit dessen Hilfe eine Art „irdischer Seligkeit" und Vollkommenheit erreicht werden sollte, leugnet Paulus die Möglichkeit, in diesem Leben bereits die Vollkommenheit des Glaubens erreichen zu können. Glauben bedeutet vielmehr, sich immer wieder aufs Neue darum zu bemühen,

Christus in seiner ganzen Fülle kennen zu lernen.

3,13. ich weiß genau. Paulus hat sein Leben und das, was er mit Christus erlebt hat, einer genauen Prüfung unterzogen und kommt zu dem Schluss, dass er noch lange nicht am Ende seiner geistlichen Pilgerreise angelangt ist.
dass ich alles vergessen will, was hinter mir liegt. Um ans Ziel seines Laufs als Christ zu kommen, muss Paulus zunächst aufhören, auf das Vergangene zurückzublicken. Er muss sein früheres Versagen (u.a. die Verfolgung der Christen) hinter sich lassen. Aber er muss auch seine früheren Erfolge vergessen (z.B. den Ruhm, den er sich vor seiner Bekehrung als jüdischer Schriftgelehrter erworben hatte). Weder Schuld noch persönliche Leistungen werden ihm helfen, Christus zu gewinnen.
das vor mir liegende Ziel. Wenn es der erste Schritt des Glaubens ist, das Alte hinter sich zu lassen, so besteht der zweite darin, sich ganz auf das vor uns liegende Ziel zu konzentrieren – Christus umfassend kennen zu lernen. Christsein bedeutet nicht, einfach vor der eigenen Vergangenheit davonzulaufen; vielmehr geht es um eine Änderung der Blickrichtung: Wer glaubt, wird von der Verheißung einer Zukunft mit Christus angezogen.

3,14. Siegespreis. Paulus scheint hier an den Augenblick nach einem Wettkampf zu denken, in dem der Kampfrichter den Sieger auffordert, vorzutreten und den Siegeskranz entgegenzunehmen. Ganz ähnlich werden die Menschen, die an Christus glauben, am Tag der Auferstehung von Gott herausgerufen, um den Siegespreis – die vollkommene Erkenntnis Christi – in Empfang zu nehmen.

3,15-16. In der Gemeinde in Philippi gab es einige, die glaubten, den vollkommenen Glauben bereits erlangt zu haben. Doch Paulus sieht darin eine Gefahr. Er weiß auch, dass diese Leute sich von ihm kaum überzeugen lassen werden, und vertraut darauf, dass Gott ihnen zu seiner Zeit die Wahrheit offenbaren wird. Bis es so weit ist, ermahnt er sie, nicht zuzulassen, dass solche Differenzen das Wachstum und den Zusammenhalt der Gemeinde behindern.

3,17. nehmt euch ein Beispiel. Paulus hat ein Beispiel für das Leben als Christ gegeben: das Vergangene hinter sich zu lassen und sich darauf zu konzentrieren, Christus vollkommen und auf allen Ebenen unseres Lebens kennen zu lernen.

3,20. erwarten. Paulus spricht von dem erwartungsvollen Warten der Christen auf die Wiederkunft Christi – den Augenblick also, in dem der „Kampf" des irdischen Lebens beendet ist und das neue Leben – dann in Vollkommenheit – beginnt.

4,1. Krönung. Wieder benutzt Paulus das Bild von der Siegerehrung, bei der dem schnellsten Läufer ein Lorbeerkranz aufs Haupt gesetzt wurde.

P.S. Ist jemand neu zu Ihrer Gruppe hinzugekommen? Dann vergessen Sie nicht, Ihre Namen in die Teilnehmerliste einzutragen.

Mein Umgang mit der Zeit

ABLAUF

 **Einstieg**    **Bibelgespräch**    **Austausch**

EINFÜHRUNG INS THEMA

Der Text wird von einem Gruppenmitglied oder reihum vorgelesen. Oder die Gruppenleiterin gibt die Einführung in eigenen Worten wieder.

Zeit ist jenes märchenhafte Gut, das jeder/m von uns in gleichem Maß zur Verfügung steht – und dennoch wünschen wir uns ständig, wir hätten mehr davon. Viele geben Unsummen aus, um an Zeit-Management-Kursen teilzunehmen und die allerneuesten (und noch zeitsparenderen!) Zeitplansysteme zu erwerben. (Und vermutlich ebenso viele würden genau das gern tun, finden jedoch nicht die Zeit dazu!)

Eine Bestandsaufnahme unseres Lebens bliebe unvollständig, wenn wir uns nicht mit der Frage beschäftigen, wie wir mit unserer Zeit umgehen. Beim letzten Treffen ging es darum, welche Prioritäten wir setzen. Heute sollten wir Nägel mit Köpfen machen und unsere Zeitplanung diesen Prioritäten entsprechend (neu) gestalten. Falls Sie noch Zweifel daran haben sollten, dass die Zeit für die meisten tatsächlich zu den wichtigsten Gütern gehört, überlegen Sie nur einmal, wie viele Ausdrücke zum Wort „Zeit" es in unserem Sprachgebrauch gibt. Man kann Zeit gewinnen, Zeit gutmachen, Zeit verlieren, die Zeit einhalten, Zeit sparen; man kommt rechtzeitig oder zur Unzeit, ist zeitgemäß gekleidet oder rennt dem Zeitgeist hinterher ...

Für die meisten von uns gehört es selbstverständlich zu einem christlichen Lebensstil, dass wir unsere Gaben, unseren Besitz und unsere Zeit Gott zur Verfügung stellen. Mit unseren Gaben kriegen wir das meistens hin (wir singen im Chor – das macht ja auch Spaß!); beim Geld sind wir meist schon empfindlicher, und wenn wir genau hinsehen, werden wir wahrscheinlich entdecken, dass das Gut, mit dem wir am meisten geizen, unsere Zeit ist. Natürlich stimmen wir grundsätzlich zu, dass auch unsere Zeit – wie alles andere im Leben – letztlich Gott gehört. Aber es ist uns sehr selten wirklich bewusst, dass das, was wir „unsere Zeit" nennen, eine Gabe Gottes ist. Wie wie mit unserer Zeit umgehen, sagt sehr viel aus über unser Verhältnis zu Gott und unseren Glauben.

Wählen Sie einen Vorschlag für das Bibelgespräch. Als Entscheidungshilfe kann der Gesprächsleiter die beiden Vorschläge genauer erläutern.

Vorschlag 1 behandelt eine Geschichte aus dem Alten Testamen: Mose muss erfahren, dass die Probleme und Sorgen der Israeliten seine ganze Zeit in Beschlag nehmen. Im *Vorschlag 2* (aus dem Jakobusbrief) befassen wir uns mit der Frage, in welcher Grundhaltung wir unsere Zukunft planen sollten.

EINSTIEG
15 – 20 Minuten / Große Runde

Gute Zeiten – schlechte Zeiten. Gott hat uns ein kostbares Geschenk gegeben: unsere Lebenszeit. Beenden Sie die unten stehenden Sätze – fangen Sie mit dem ersten Satz an und lassen Sie reihum jede/n ergänzen, fahren Sie dann mit dem zweiten und schließlich mit dem dritten Satz fort.

Gute Zeiten
Ein besonders schöner Augenblick oder ein tolles Erlebnis, das ist für mich:
- ❏ ein ruhiger Abend zu Hause.
- ❏ ein Kinobesuch mit einem guten Film.
- ❏ ein heißes Bad nach einem anstrengenden Tag.
- ❏ ein gutes Buch.
- ❏ ein Spaziergang an einem Herbstnachmittag.
- ❏ ein Einkaufsbummel mit Freunden.
- ❏ harte Arbeit, die sich auszahlt.
- ❏ eine spannende Sportpartie.
- ❏ Zeit für meinen Lieblingssport.
- ❏ abends zum Essen ausgehen.
- ❏ Wandern, Klettern oder Kanufahren.
- ❏ eine Einladung zu einer Party.
- ❏ ein herrliches Essen.
- ❏ ein großartiges Konzert.
- ❏ _____

Schlechte Zeiten
Wenn es etwas gibt, was mir so richtig den Tag verderben kann, dann ist es:
- ❏ ekelhaftes Wetter.
- ❏ schlechte Laune.
- ❏ ein langweiliger Job / eine langweilige Schulstunde.
- ❏ Ärger mit anderen.
- ❏ ein Wochenende, an dem ich ganz allein bin.
- ❏ ein leeres Bankkonto.
- ❏ der Montag.
- ❏ Rechnungen.
- ❏ Verkehrsstaus.
- ❏ wenn meine Mannschaft verliert.
- ❏ _____

Keine Zeit zu vergeuden
Wenn ich nur noch drei Monate zu leben hätte, würde ich:
- ❏ mir die Welt anschauen.
- ❏ meine Memoiren schreiben.
- ❏ den „Deal meines Lebens" an Land ziehen.

21

- ❑ mein ganzes Geld ausgeben.
- ❑ meinen gesamten Besitz verschenken.
- ❑ den Mount Everest besteigen.
- ❑ alles für Gott tun, was mir noch möglich ist.
- ❑ meine Zeit mit der Familie und guten Freunden verbringen.
- ❑ so richtig „einen draufmachen".
- ❑ anderen Menschen mehr Liebe entgegenbringen.
- ❑ wäre ich ziemlich wütend.
- ❑ Es würde sich nichts ändern.
- ❑ _____

BIBELGESPRÄCH
30 – 40 Minuten / Vierergruppen

Wenn Ihre Gruppe mehr als sieben Teilnehmer hat, bilden Sie für das Bibelgespräch Vierergruppen. Zählen Sie einfach durch – das spart Zeit. Jede Gruppe bestimmt jemanden, der dafür sorgt, dass Sie das Gespräch in der vereinbarten Zeit beenden.

VORSCHLAG 1

Auszeit für den Chef
2. Mose 18,13-27

Kurz vor der hier geschilderten Begebenheit hatte Gott die Israeliten auf wunderbare Weise aus der Sklaverei in Ägypten befreit. Jetzt war es die Aufgabe von Mose, dem von Gott beauftragten Führer, das Volk durch die Wüste in das verheißene Land zu bringen. Mose setzte alles daran, das Volk zu lehren, wie sie als Volk Gottes leben sollten. Dazu musste er unter anderem auch ihre Streitigkeiten schlichten. Jitro, Moses Schwiegervater, war gerade zu einem Besuch in das Lager der Israeliten gekommen. Lesen Sie, wie die Geschichte weitergeht, und sprechen Sie dann in den Gruppen über die nachstehenden Fragen.

[13] Am nächsten Tag setzte Mose sich hin, um Streitigkeiten zu schlichten und Recht zu sprechen. Die Leute drängten sich um ihn vom Morgen bis zum Abend. [14] Als Jitro sah, wie viel Mose zu tun hatte, sagte er: „Du hast so viel Arbeit mit den Leuten! Du sitzt den ganzen Tag da, um Streitfälle zu schlichten, und die Leute stehen um dich herum, vom Morgen bis zum Abend. Warum tust du das alles allein?" [15] Mose antwortete: „Die Leute kommen zu mir, um Weisung von Gott zu erhalten. [16] Wenn sie einen Rechtsstreit haben, fragen sie mich um Rat, und ich muss zwischen ihnen schlichten. Ich teile ihnen Gottes Weisungen und Entscheidungen mit." [17] Sein Schwiegervater entgegnete: „So wie du es machst, ist es nicht gut! [18] Die Aufgabe ist für dich allein viel zu groß. Du reibst dich nur auf, und auch die Leute sind überfordert. [19] Hör zu! Ich gebe dir einen guten Rat, und Gott möge dir helfen: Du

sollst das Volk vor Gott vertreten und ihre Streitfälle vor ihn bringen. [20] Schärf ihnen Gottes Gebote und Weisungen ein, sag ihnen, wie sie ihr Leben führen und was sie tun sollen! [21] Sieh dich aber zugleich in deinem Volk nach zuverlässigen Männern um. Sie müssen Ehrfurcht vor Gott haben, die Wahrheit lieben und unbestechlich sein. Übertrag ihnen die Verantwortung für jeweils tausend, hundert, fünfzig oder zehn Personen. [22] Sie sollen die alltäglichen kleineren Streitigkeiten schlichten. Zu dir sollen sie nur mit den größeren Fällen kommen. So helfen sie dir, die Verantwortung zu tragen, und du wirst entlastet. [23] Wenn mein Rat Gottes Willen entspricht und du dich daran hältst, wirst du deine Aufgabe bewältigen; die Leute können in Frieden nach Hause gehen, weil ihre Streitfälle geschlichtet sind." [24] Mose nahm den Rat seines Schwiegervaters an und setzte ihn in die Tat um: [25] Er wählte unter den Israeliten zuverlässige Männer aus und übertrug ihnen die Verantwortung für jeweils tausend, hundert, fünfzig oder zehn Personen. [26] Von nun an konnten sie jederzeit Recht sprechen und die einfachen Streitigkeiten selbst schlichten. Nur mit den schwierigen Fällen kamen sie zu Mose. [27] Danach verabschiedete Mose seinen Schwiegervater, und Jitro kehrte wieder in seine Heimat zurück.

„Ich bin vielleicht ein lausiger Vater und ein ebenso lausiger Ehemann, aber wenn mein Chef mich braucht, dann springe ich."
Ein Börsenmakler

1. Wie hätten Sie den Rat Ihres Schwiegervaters empfunden, wenn Sie an Moses Stelle gewesen wären?
   - ❏ als Bevormundung
   - ❏ als geniale Idee
   - ❏ als Zeichen dafür, dass ich ihm nicht egal bin
   - ❏ als Bedrohung
   - ❏ als Erleichterung
   - ❏ mit Skepsis
   - ❏ _____

2. Warum hat Mose wohl so hart gearbeitet?
   - ❏ Er war ein Workaholic.
   - ❏ Er war ein Perfektionist.
   - ❏ Er konnte nicht nein sagen.
   - ❏ Er hatte Angst, die Dinge aus der Hand zu geben.
   - ❏ Er hielt sich für unersetzlich.
   - ❏ Er wollte es allen recht machen.
   - ❏ Er sah darin die ihm von Gott zugedachte Aufgabe.
   - ❏ Es hatte ihm noch niemand eine so kreative Lösung vorgeschlagen.
   - ❏ _____

3. Kommt es (manchmal) vor, dass Sie zu viel Arbeit in eine bestimmte Sache investieren? Wenn ja, warum?
   - ❏ Ich bin ein Workaholic.
   - ❏ Ich bin ein Perfektionist.
   - ❏ Ich kann nicht nein sagen.
   - ❏ Ich habe Angst, die Dinge aus der Hand zu geben.
   - ❏ Ich halte mich für unersetzlich.

❑ Ich will es allen recht machen.

❑ Ich denke, dass ich auf diese Weise den Willen Gottes erfülle.

❑ Es hat mir noch niemand eine entsprechend kreative Lösung vorgeschlagen.

❑ _____

4. Wenn es darum geht, was Sie mit der Zeit tun, die Ihnen frei zur Verfügung steht, welchen Titel würden Sie dann gerne erringen?

❑ *„Vater/Mutter des Jahres"* – ich habe immer Zeit für meine Kinder.

❑ *„Opa/Oma des Jahres"* – ich habe immer Zeit für meine Enkelkinder.

❑ *„Mitarbeiter des Jahres"* – im Job macht mir keiner was vor!

❑ *„Fan des Jahres"* – mein Lieblingsstar sieht mich in jedem Konzert!

❑ *„Ehrendoktor der* _____ *"* – meine akademische Laufbahn verlangt eben ihre Zeit.

❑ *„Ehrenamtlicher des Jahres"* – ich finde es schön, gebraucht zu werden.

❑ *„Sportler des Jahres"* – wenn meine Pokalsammlung glänzt, bin ich glücklich.

❑ *„Aufsichtsratsvorsitzender von* _____ *"* – der Respekt meiner Kollegen ist mir sicher.

❑ *„Oskar"* oder *„Grand Prix d'Eurovision"* – meine künstlerischen Fähigkeiten habe ich schließlich bekommen, um etwas daraus zu machen.

❑ *„Bundesverdienstkreuz für* _____ *"* – das ist eine Sache, die mir wirklich wichtig ist und für die ich mich einsetze.

❑ _____

5. Welche Stärken haben Sie? Welche Schwächen? Treffen die folgenden Aussagen auf Sie zu?

❑ Ich kann „die Wogen glätten", wenn es mal heftig zugeht.

❑ Ich kann Vorschläge anderer aufgreifen, ohne eingeschnappt zu sein.

❑ Ich kann auf konstruktive Weise Kritik äußern.

❑ Ich kann selbst Kritik einstecken.

❑ Ich kann Verantwortung delegieren.

❑ Ich kann meine Zeit gut einteilen.

❑ Ich kann auch nein sagen, wenn ich um etwas gebeten werde.

6. In welchem der in Frage 5 genannten Bereiche wünschen Sie sich am ehesten eine Veränderung? Was können Sie selbst dafür tun?

7. Welche Aufgabe hat Sie in letzter Zeit besonders aufgerieben?

❑ mich um die Kinder zu kümmern

❑ für das finanzielle Auskommen zu sorgen

❑ die Pflege eines Angehörigen

❑ mit den Anforderungen meines Berufs fertig zu werden

❑ die Streitigkeiten innerhalb der Familie zu schlichten

❑ meine Aufgaben in der Gemeinde wahrzunehmen

❑ keine bestimmte Aufgabe, sondern alles unter einen Hut zu kriegen

❑ _____

„Das Leben ist wie ein Geldstück. Man kann es ausgeben, wofür man will, aber man kann es nur ein einziges Mal ausgeben."
Lillian Dickson

8. Was wünscht sich Gott Ihrer Ansicht nach von Ihnen: In welchen Bereich sollten Sie mehr Zeit investieren?
   - ❑ mein persönliches geistliches Leben
   - ❑ Beruf und Karriereplanung
   - ❑ kirchliche Aktivitäten
   - ❑ Familienleben
   - ❑ Sport / Bewegung
   - ❑ Erholung / mehr Schlaf
   - ❑ Zeit, um mir selbst etwas Gutes zu tun (ein Hobby, ein gutes Buch, Freizeitaktivitäten usw.)
   - ❑ _____

9. Wie könnten Sie dem Bereich, den Sie in Frage 8 genannt haben, mehr Zeit einräumen? Womit sollten Sie weniger Zeit zubringen? Überlegen Sie auch hier, was Gott sich wohl für Ihr Leben wünscht.

VORSCHLAG 2

Zeitmanagement mit Ewigkeitsperspektive
Jakobus 4,13-17; 5,7-8

Der Jakobusbrief ist berüchtigt für die direkte, zuweilen auch barsche Art, mit der hier Christen ermahnt werden, ihren Glauben praktisch umzusetzen. Im vorliegenden Abschnitt richtet Jakobus seine Botschaft an christliche Geschäftsleute und kritisiert, wie sie ihre Zeit einteilen und ihre Zukunft planen. Doch auch unsere Ansichten über die Zeit, die uns zur Verfügung steht, werden hier auf den Prüfstand gerufen. Lesen Sie gemeinsam den Bibeltext und sprechen Sie in den Gruppen über die nachstehenden Fragen.

[13] Da ist noch etwas. Manche von euch sagen: „Heute oder morgen wollen wir hier- und dorthin reisen. Wir wollen dort ein Jahr bleiben, gute Geschäfte machen und viel Geld verdienen." [14] Ihr plant so großartig und wisst nicht einmal, was morgen geschieht! Was ist denn schon euer Leben? Nichts als ein leiser Hauch, der – kaum ist er da – auch schon wieder verschwindet. [15] Darum sollt ihr immer nur sagen: „Wenn der Herr will und wir leben, wollen wir dieses oder jenes tun!" [16] Ihr aber seid stolz auf eure Pläne und gebt damit an. Doch eine solche Überheblichkeit ist durch und durch verwerflich. [17] Wer aber weiß, was richtig ist, und tut es trotzdem nicht, der wird vor Gott schuldig. ...
5 [7] Meine Brüder, lasst euch nicht entmutigen, und wartet geduldig auf den Tag, an dem der Herr kommt. Muss nicht auch der Bauer mit viel Geduld Sonne und Regen abwarten, bis er im Herbst die Ernte einfahren kann? [8] Auch ihr müsst geduldig sein und dürft nicht mutlos werden, denn der Herr kommt bald.

„Als Gott die Zeit gemacht hat, hat er genug davon gemacht. Und paradoxerweise sind die Zeitverschwender auch die Sparsamen, denn sie haben immer Zeit, wenn man ihre Zeit beansprucht."
Heinrich Böll

1. Denken Sie an die Zeit zurück, als Sie 14 waren. Welche Träume und Erwartungen hatten Sie damals für Ihr Leben als Erwachsener? Wie nahe lagen Sie mit Ihren Vorstellungen an der Realität?

2. Wie würden sich die Worte des Jakobus heute bei einem Kongress von Geschäftsleuten machen? Was würden Sie empfinden, wenn Ihr Pfarrer in der Predigt die Art und Weise zur Sprache brächte, wie Sie Ihre Zeit einteilen oder Ihre geschäftlichen/beruflichen Perspektiven planen?

„Inwieweit es mir gelingt, verantwortlich mit dem mir anvertrauten Leben umzugehen, hängt davon ab, wir stark ich davon überzeugt bin, dass das Leben Gott gehört."
Pearl Bartel

3. Welche Einstellung sollten Christen im Blick auf ihre Zukunftsplanung haben?

4. Wie häufig entspricht Ihre Zukunftsperspektive der von Jakobus in den Versen 14-15 geforderten Haltung? Stimmt bei Ihnen das Gleichgewicht zwischen notwendiger Vorausplanung und der Fähigkeit, jeden Tag für sich zu nehmen?

5. Wie sollten Christen nach Vers 4,17 mit ihrer Zeit umgehen?

6. Überlegen Sie einen Augenblick, inwieweit die Aussage aus Vers 4,17 für Ihr Leben zutrifft. An welche Situation/en werden Sie erinnert? Woran liegt es in der Regel, wenn Sie das, was Sie tun sollten, nicht tun?

7. Wozu fordert Jakobus seine Leser in Kapitel 5, Verse 7-8 auf? Halten Sie sich für einen geduldigen Menschen?

8. Wie beeinflusst Ihr Glaube Ihre Zeiteinteilung und Ihre Zukunftsplanung? Bewerten Sie sich anhand einer Skala von 1 (überhaupt nicht) bis 10 (voll und ganz).

   1   2   4   5   6   7   8   9   10

9. Gibt es etwas in Ihrem Leben, auf das Sie lange gewartet haben? Wenn ja, was? Wie leicht oder schwer fällt es Ihnen, geduldig zu sein und dabei die Hoffnung auf Gott nicht aufzugeben (vgl. 5,8)?

AUSTAUSCH
20 – 40 Minuten / Große Runde

Wen könnten Sie zum nächsten Treffen einladen?

Nehmen Sie sich Zeit, um persönliche Gebetsanliegen mitzuteilen. Die folgende Frage mag Ihnen beim Austausch helfen:

„Wo habe ich Schwierigkeiten, die richtigen Prioritäten zu setzen und meine Zeit sinnvoll einzusetzen? Welche Hilfe erwarte ich von Gott?"

Am Ende des heutigen Treffens soll Zeit sein, miteinander für die genannten Anliegen zu beten. Wer im Stillen beten möchte, könnte sein Gebet mit einem laut gesprochenen „Amen" abschließen, so weiß der/die Nächste, wann er/sie anfangen kann.

Erläuterungen zu Jakobus 4,13-17; 5,7-8

Zusammenfassung. Jakobus wendet sich dem dritten und letzten Thema seines Briefes zu: Situationen, in denen der Glaube auf dem Prüfstand steht. Es geht um die Probleme und Spannungen, die der Wohlstand mit sich bringt – auf persönlicher Ebene wie auch in der Gemeinschaft. Im ersten Teil unseres Abschnitts (4,13-17) betrachtet Jakobus die Situation einer Gruppe christlicher Geschäftsleute – insbesondere spricht er die so genannte „Sünde der Unterlassung" an.

4,13. Sich dessen zu rühmen, was morgen sein wird, dient Jakobus als Beispiel für menschlichen Hochmut. Hochmütig ist diese Haltung deshalb, weil allein Gott wissen kann, was in Zukunft sein wird.

Da ist noch etwas. Der scharfe Ton der folgenden Absätze steht in Kontrast zum Tonfall des übrigen Briefs, wo Jakobus seine Leser mit „liebe Brüder" anspricht (4,11).

„Heute oder morgen wollen wir hier- und dorthin reisen." Jakobus macht uns zu Ohrenzeugen der Pläne einer Gruppe von Geschäftsleuten. Vielleicht betrachten sie gerade gemeinsam eine Landkarte. Wie auch immer – sie planen ihre Zukunft und überlegen, wohin sie reisen, wie lange sie dort bleiben, was sie tun und welche Profite sie erwirtschaften werden. Ein harmloses Gespräch, oder nicht? Im Geschäftsleben muss man vorausplanen: Reisepläne, Marktanalysen, Zeitvorgaben, Profiterwartungen – diese Dinge gehörten seit je her zum Geschäftsleben. Jeder ehrliche Händler – ob Heide, Jude oder Christ – würde es genauso machen; und genau daran stößt sich Jakobus. Ihre Zukunftswünsche, ihr Umgang mit Geld, die Art, wie sie Geschäfte machen, unterscheidet sich in nichts vom Rest der Welt. Sie mögen Gott noch so vorbildlich dienen, ihre persönliche Moral mag noch so lupenrein sein, wenn es ums Geschäft geht, denken sie ganz und gar in weltlichen Maßstäben.

4,14. morgen. Eine solche Haltung bei der Zukunftsplanung geht davon aus, dass jeder neue Tag so zweifelsfrei ablaufen wird wie alle bereits gewesenen. Doch unsere Zukunft ist alles andere als sicher (vgl. z.B. Sprüche 27,1).

Was ist denn schon euer Leben? Ist nicht der Tod die große Unbekannte? Wer kann schon wissen, wann der Tod ihn ereilt und alle Zukunftspläne zunichte macht? Vgl. dazu auch das Gleichnis vom reichen Kornbauern (Lukas 12, 13-21). Jakobus warnt vor der falschen Sicherheit, die eine so genannte „gesicherte" Existenz uns vorgaukelt.

ein leiser Hauch. In Hosea 13,3 heißt es: „Darum werden sie so schnell verschwinden, wie eine Wolke am Morgen, wie der Tau unter der Sonne, wie Spreu, die der Wind von der Tenne weht, und wie Rauch, der aus der Dachluke aufsteigt."

4,15. „Wenn der Herr will und wir leben". Dieser Ausdruck kommt im Alten Testament nicht vor, doch der Gedanke findet sich häufig in Werken der griechischen oder römischen Literatur und wird auch von Paulus verwendet (vgl. 1. Kor 4,19; 16,7). Die Ungewissheit über unsere Zukunft sollte uns als Christen nicht schrecken. Sie sollte uns vielmehr bewusst machen, wie abhängig wir von Gott sind, damit wir ihn in unsere Zukunftsplanung einbeziehen.

„wollen wir dieses oder jenes tun". Jakobus spricht sich nicht dagegen aus, Pläne zu haben. Er sagt vielmehr: Lasst uns planen, aber vergessen wir Gott dabei nicht!

4,16. Im Gegensatz zu einem Planen, das nach Gott und seinen Absichten fragt, scheinen die Leute, die Jakobus hier anspricht, stolz zu sein auf ihre eigenen Zielsetzungen. Jakobus verurteilt nicht den Handel als solchen, ebenso wenig verdammt er den Wohlstand, den dieser mit sich bringt. (Seine Anmerkungen zum Reichtum folgen im Kapitel 5,1-3.)

Was ihm Sorge macht, ist, dass all dies gänzlich ohne Bezug zu Gott geschieht.

stolz. In ihrem Stolz meinen sie, sie hätten ihre Zukunft im Griff, doch Gott allein hält die Zeit in seinen Händen.

gebt damit an. Mit dem griechischen Wort wurden ursprünglich durchreisende Quacksalber bezeichnet, die wirkungslose Heilmittel anpriesen. Schließlich bekam es die Bedeutung, dass jemand behauptet, etwas tun zu können, wozu er eigentlich gar nicht in der Lage ist.

4,17. Manche Ausleger glauben, bei diesem prägnant formulierten Satz handle es sich um einen Ausspruch Jesu, der nicht in die Berichte der Evangelien aufgenommen wurde. Wie auch immer, Jakobus weist darauf hin, was es mit der so genannten „Sünde der Unterlassung" auf sich hat. Oder anders gesagt: Es ist Sünde, wenn wir das nicht tun, was wir als gut und richtig erkennen. Wir verstehen unter Sünde zunächst meist das falsche Handeln, das besser unterblieben wäre (vgl. 1. Johannes 3,4). Doch Sünde kann aktiv oder passiv geschehen. Menschen können schuldig werden, durch das, was sie tun (wenn es dem Willen Gottes widerspricht), oder indem sie das nicht tun, was sie tun sollten.

5,7-8. Jakobus leitet seinen Schlussteil ein, indem er dazu ermutigt, auch in „Prüfungssituationen" den Glauben nicht aufzugeben.

5,7 geduldig. Das griechische Wort beinhaltet die Vorstellung, im Angesicht von Ungerechtigkeit seine Selbstbeherrschung zu wahren. Das Gegenteil dazu wäre die Haltung der Rache oder Vergeltung (vgl. Römer 2,4 und 1. Petrus 3,20).

Meine Brüder. Jakobus kehrt zu seiner persönlichen Anredeform zurück (wie auch z.B. in 1,2.19; 2,1; 4,11). Der Grundton wechselt von dem der eindringlichen Warnung und Ermahnung (4,13 - 5,6) zu einer Atmosphäre der Ermutigung und liebevollen Unterweisung.

Mein Lebensstil

ABLAUF

 Einstieg    Bibelgespräch    Austausch

EINFÜHRUNG INS THEMA

Christen sind – das liegt in der Natur der Sache – Nonkonformisten. Sie haben sich für eine andere Weltsicht als die der säkularen Gesellschaft entschieden. Sie betrachten die Welt durch eine andere Brille als die Menschen um sie herum. Das hat Auswirkungen auf den Lebensstil – und kann dazu führen, dass Christen eine neue Perspektive in ihre Gesellschaft einbringen. Allerdings besteht immer die Gefahr, dass die Christen sich wieder von den Normen der sie umgebenden Kultur vereinnahmen lassen. Die Bibel nennt diese Kultur „die Welt" und bezeichnet damit das gott-lose Grundprinzip, das jede säkulare Gesellschaft und Kultur bestimmt.

Mit Jesus hat das Reich Gottes begonnen. Doch dieses Reich ist völlig anders, als wir es erwarten würden. Zu Recht hat man es auch als das „Gegen-Königreich" bezeichnet, denn unsere Vorstellungen über Herrscher und Machtausübung werden hier auf den Kopf gestellt. Ein Merkmal der Bürger des Gottesreiches ist ein Lebensstil des Dienens. Jesus kam als Diener in diese Welt und fordert seine Jünger auf, ebenfalls Dienende zu sein, ohne dabei ihre eigenen Bedürfnisse zu ignorieren.

Sollten neue Teilnehmer/innen zur Gruppe gestoßen sein, empfiehlt es sich, beim Bibelgespräch den Vorschlag 1 zu wählen. Und bitte vergessen Sie auch heute nicht, weiterhin dafür zu beten, dass die Gruppe wächst.

Die biblische Geschichte aus *Vorschlag 1* ist eine geradezu klassische Demonstration dessen, was Jesus unter Dienen versteht: Jesus, der Meister, wäscht seinen Jüngern die Füße. Im *Vorschlag 2* geht es um einen Text aus dem Galaterbrief, in dem Paulus dieses Thema des Einander-Dienens aufnimmt. Ausführlich spricht er über einen Lebensstil, der von der dienenden Liebe geprägt ist: ein Lebensstil, der den Einklang mit dem Geist Gottes sucht, statt sich nach unseren selbstbezogenen Vorstellungen zu richten.

Vergessen Sie nicht nach dem Einstieg und dem Bibelgespräch genügend Zeit für den Austausch zu lassen, damit Sie sich besser kennen lernen, über Ihre Freuden und Sorgen sprechen und füreinander beten können.

EINSTIEG

15 – 20 Minuten / Große Runde

„**Lebens-Zeichen"**. Nehmen Sie die Verkehrszeichen zu Hilfe, um über Ihr Leben zu reden. Beantworten Sie die Fragen der Reihe nach zunächst für sich und geben Sie dann jeder/m in der Gruppe Gelegenheit, sich zu äußern.

1. Wenn Sie mit Hilfe eines Verkehrszeichens ausdrücken sollten, wie Sie versuchen, den richtigen Lebensstil für sich selbst zu finden, welches Zeichen würden Sie wählen?
   - ❑ „Einfädeln" – Ich versuche, mit allen gut auszukommen.
   - ❑ „Geschwindigkeitsbegrenzung" – Ich versuche, mein Lebenstempo zu drosseln, um mehr vom Leben zu haben.
   - ❑ „Wenden verboten" – Ich versuche, dem Drang zu widerstehen, wieder zu Vergangenem zurückzukehren.
   - ❑ „Einbahnstraße" – Ich versuche, mein Leben mit mehr Entschlossenheit zu führen.
   - ❑ „Vorfahrt achten" – Ich bemühe mich, Gottes Anrecht an meinem Leben zu achten.
   - ❑ „Spielstraße" – Ich will dem „Kind" in mir Raum geben.
   - ❑ „Bauarbeiten" – Es verändert sich so vieles in meinem Leben.
   - ❑ _____

2. Welche „Schilder" bestimmen Ihre Beziehungen zu anderen Menschen?
   - ❑ „Privatweg! Durchfahrt verboten!" – Ich brauche meine Distanz zu anderen.
   - ❑ „Brauche Hilfe" – Ich suche nach jemandem, der mich unterstützt und mir hilft.
   - ❑ „Einbahnstraße" – Ich kann gegensätzliche Meinungen manchmal nicht akzeptieren.
   - ❑ „24-Stunden-Service" – Ich bin immer für andere da.
   - ❑ „Alle Zimmer belegt" – In meinem Leben ist momentan kein Platz für andere.
   - ❑ _____

3. Aus welchem Grund würde Gott Ihnen wohl einen „Strafzettel" verpassen?
   - ❑ „Geschwindigkeitsüberschreitung" – Ich lebe viel zu schnell, um wirklich zu leben.
   - ❑ „Nichtbeachtung der Vorfahrt" – Ich versuche, die Dinge auf meine Weise zu regeln.
   - ❑ „Behinderung des Verkehrs" – Ich glaube, ich stehe anderen im Weg, die mehr erreichen als ich.
   - ❑ „Widerrechtliches Wendemanöver" – Ich habe versucht, in der Vergangenheit zu leben.
   - ❑ „Fahren gegen die Einbahnstraße" – Ich muss mein Leben „umkehren".
   - ❑ _____

BIBELGESPRÄCH
30 – 40 Minuten / Vierergruppen

VORSCHLAG 1

Kein leichtes Vorbild
Johannes 13,1-17

Der Bibeltext wird von einem Gruppenmitglied oder reihum vorgelesen. Die anschliessenden Fragen geben Ihnen einen Leitfaden für ein Gespräch.

Die folgende Begebenheit trägt sich zu, als Jesus am Tag vor seinem Tod zum Festmahl des Passahfestes mit seinen Jüngern zusammenkommt. Es war damals üblich, dass man den Gästen, die oft einen längeren Fußweg hinter sich hatten, vor dem Essen die müden, staubigen Füße waschen ließ – eine Arbeit, die in der Regel vom niedrigsten Sklaven oder Hausdiener verrichtet wurde. Lesen Sie den Text laut und sprechen Sie anschließend in den Gruppen über die Fragen.

[1] Am Vorabend des Passahfestes wusste Jesus, dass nun die Zeit gekommen war, diese Welt zu verlassen und zum Vater zurückzugehen. Er hatte die Menschen geliebt, die sich in dieser Welt zu ihm bekannten, und er hörte nicht auf, sie zu lieben. [2] An diesem Abend, als Jesus mit seinen Jüngern beim Essen war, hatte der Teufel Judas Ischarioth schon zum Verrat an Jesus verführt. [3] Jesus aber wusste, dass ihm der Vater unbegrenzte Macht gegeben hatte, dass er von Gott gekommen war und zu ihm zurückkehren würde. [4] Da stand er vom Tisch auf, legte seinen Umhang ab und band sich ein Tuch um. [5] Er goss Wasser in eine Schüssel und begann, seinen Jüngern die Füße zu waschen und mit dem Tuch abzutrocknen. [6] Als er zu Simon Petrus kam, wehrte dieser ab: „Herr, wie kommst du dazu, mir die Füße zu waschen!" [7] Jesus antwortete ihm: „Du verstehst jetzt noch nicht, was ich tue. Aber später wirst du es verstehen." [8] Doch Petrus blieb dabei: „Niemals sollst du mir die Füße waschen!", worauf ihm Jesus erwiderte: „Wenn ich dir nicht die Füße wasche, gehörst du nicht zu mir." [9] Da sagte Petrus: „Herr, dann wasch mir auch die Hände und das Gesicht, nicht nur die Füße!" [10] Jesus antwortete: „Wer gebadet hat, der ist ganz rein. Ihm braucht man nur noch den Straßenstaub von den Füßen zu waschen. Ihr seid alle rein – außer einem." [11] Jesus wusste nämlich, wer ihn verraten würde. Deshalb sagte er: „Ihr seid nicht alle rein." [12] Nachdem Jesus ihnen die Füße gewaschen hatte, zog er seinen Umhang wieder an, setzte sich und fragte seine Jünger: „Versteht ihr, was ich eben getan habe? [13] Ihr nennt mich Meister und Herr. Das ist auch richtig so, denn ich bin es. [14] Wie ich, euer Meister und Herr, euch jetzt die Füße gewaschen habe, so sollt auch ihr euch gegenseitig die Füße waschen. [15] Ich habe euch damit ein Beispiel gegeben, dem ihr folgen sollt. Handelt ebenso! [16] Denkt immer daran: Ein Untergebener steht niemals höher als sein Vorgesetzter und ein Botschafter untersteht dem, der ihn gesandt hat. [17] Wenn ihr das eingesehen habt, dann handelt danach, und Gott wird euch segnen."

„O Gott, hilf uns,
dass wir Herr
über uns selbst
sind, um anderen
Diener zu sein."
Alec Paterson

1. Warum hat Jesus Ihrer Meinung nach seinen Jüngern die Füße gewaschen?
   ❏ um sie zu beschämen
   ❏ um ihnen ein Vorbild zu sein für echtes Dienen
   ❏ aus Liebe zu ihnen
   ❏ weil ihm keine Aufgabe zu niedrig war
   ❏ _____

2. Was hätten Sie getan, wenn Jesus auf Sie zugekommen wäre, um Ihnen die Füße zu waschen?
   ❏ Ich hätte den Raum verlassen.
   ❏ Ich hätte es nicht zugelassen.
   ❏ Ich hätte es geschehen lassen und mich unbehaglich gefühlt.
   ❏ Ich hätte mich geehrt gefühlt, weil er so für mich sorgt.
   ❏ Ich hätte mich schuldig und wertlos gefühlt.
   ❏ Ich wäre aufgesprungen und hätte versucht, *ihm* die Füße zu waschen.
   ❏ _____

3. Gab es in Ihrem Leben einen Menschen, der Ihnen gezeigt hat, was es heißt, einem anderen „die Füße zu waschen"? Was hat dieser Mensch für Sie getan?
   ❏ meine Mutter
   ❏ mein Vater
   ❏ ein anderes Mitglied meiner Familie
   ❏ mein/e Ehepartner/in
   ❏ ein/e Freund/in
   ❏ ein/e Kollege/in
   ❏ ein/e Lehrer/in
   ❏ ein/e Trainer/in
   ❏ ein/e Pfarrer/in
   ❏ ein/e Bibelkreisleiter/in
   ❏ _____

4. Gibt es eine Gemeinschaft, in der Sie schon einmal etwas davon erlebt haben, was es heißt, sich um einander zu kümmern?
   ❏ ein Sportverein
   ❏ eine Band bzw. Theatergruppe
   ❏ eine Kirchengemeinde
   ❏ meine Familie
   ❏ eine Clique, zu der ich gehör(t)e
   ❏ auf einer Freizeit bzw. Einkehrtagen
   ❏ eine Jugendgruppe
   ❏ ein Team, mit dem ich zusammenarbeitete
   ❏ ein Gesprächskreis
   ❏ Diese Erfahrung habe ich noch nicht gemacht.
   ❏ _____

5. Gibt es etwas, das in etwa dem Füßewaschen entspricht und das Sie selbst momentan für andere tun? Wie geht es Ihnen damit?

6. Was würde es bedeuten, wenn Sie dem Vorbild Jesu, anderen „die Füße zu waschen", in Ihrem Alltag folgen wollten? Z.B. in Beruf, Familie, Gemeinde?
   ❑ Ich müsste mich mehr um andere kümmern.
   ❑ Ich müsste es zulassen, dass andere sich um mich kümmern.
   ❑ Ich müsste Dinge tun, die eigentlich nicht „mein Job" sind.
   ❑ Ich müsste anderen mehr Zuneigung oder Achtung entgegenbringen.
   ❑ Ich müsste geduldiger sein und anderen leichter vergeben können.
   ❑ Ich müsste andere ohne Wenn und Aber wichtiger nehmen als mich selbst.
   ❑ _____

7. Was hält Sie davon ab, diesen dienenden Lebensstil nach dem Vorbild Jesu zu verwirklichen?
   ❑ Ich habe Angst, von anderen ausgenutzt zu werden.
   ❑ Ich habe dafür keine Zeit.
   ❑ Ich bin nicht bereit, niedere Aufgaben zu übernehmen.
   ❑ Ich hatte kaum Vorbilder für diesen Lebensstil.
   ❑ Ich bin dafür wohl zu egoistisch.
   ❑ Eigentlich nichts – ich tue, was ich kann.
   ❑ _____

8. Was bräuchte diese Gruppe, um einander „die Füße zu waschen"?
   ❑ Das braucht mehr Zeit, als uns zur Verfügung steht.
   ❑ Es braucht eine tiefere Hingabe – aber das geht nicht von heut auf morgen.
   ❑ Nichts – wo wollen wir anfangen!?
   ❑ Wir müssen in Ruhe darüber nachdenken.
   ❑ _____

VORSCHLAG 2

Nur das Beste für mein Leben
Galater 5,13-26

Vieles von dem, was wir als Christen über einen christlichen Lebensstil wissen, verdanken wir dem Apostel Paulus. Der folgende Abschnitt ist nur einer von vielen, in denen Paulus Menschen, die gerade erst zum Glauben an Jesus gekommen waren, erklärt, wie sie diesem Glauben entsprechend leben sollen. – Lesen Sie den Text laut vor. Die anschließenden Fragen geben Ihnen einen Leitfaden für das Gespräch.

¹³ Liebe Brüder! Durch Christus wurde euch die Freiheit geschenkt. Das bedeutet aber nicht, dass Ihr jetzt tun und lassen könnt, was Ihr wollt. Nehmt vielmehr in gegenseitiger Liebe Rücksicht aufeinander. ¹⁴ Denn das ganze

Gesetz hat nur erfüllt, wer dieses eine Gebot befolgt: „Liebe die Menschen neben dir wie dich selbst!" [15] Wenn ihr aber wie wütende Hunde übereinander herfallt, dann passt nur auf, dass ihr euch dabei nicht gegenseitig auffresst! [16] Darum rate ich euch: Lasst euer Leben vom Heiligen Geist bestimmen. Wenn er euch führt, werdet ihr allen selbstsüchtigen Wünschen und Verlockungen widerstehen können. [17] Denn, selbstsüchtig wie wir sind, wollen wir immer das Gegenteil von dem, was Gottes Geist will. Doch der Geist Gottes duldet unseren Egoismus nicht. Beide kämpfen gegeneinander, sodass ihr nicht ungehindert tun könnt, was ihr wollt. [18] Wenn ihr aber aus der Kraft des Heiligen Geistes lebt, seid ihr den Forderungen des Gesetzes nicht länger unterworfen. [19] Gebt ihr dagegen euern selbstsüchtigen Wünschen nach, ist allen klar, wohin das führt: zu einem sittenlosen Leben, Unzucht und hemmungsloser Zügellosigkeit, [20] zur Anbetung selbstgewählter Idole und zu abergläubischem Vertrauen auf übersinnliche Kräfte. Feindseligkeit, Streitsucht, unberechenbare Eifersucht, Intrigen, Uneinigkeit und Spaltungen bestimmen dann das Leben ebenso [21] wie Neid, Trunksucht, üppige Gelage und ähnliche Dinge. Ich habe es schon oft gesagt und warne euch hier noch einmal: Wer so lebt, wird niemals in Gottes Reich kommen. [22] Dagegen bringt der Heilige Geist in unserem Leben nur Gutes hervor: Liebe und Freude, Frieden und Geduld, Freundlichkeit, Güte und Treue, Besonnenheit und Selbstbeherrschung. [23] Ist das bei euch so? Dann braucht ihr kein Gesetz zu fürchten. [24] Es ist wahr: Wer zu Christus gehört, der hat sein selbstsüchtiges Wesen mit allen Leidenschaften und Begierden an das Kreuz geschlagen. [25] Durch den Heiligen Geist haben wir neues Leben, und das soll jetzt auch bei uns sichtbar werden. [26] Blinder Ehrgeiz, der nur unsere Eitelkeit befriedigt, gegenseitige Kränkungen und Neid dürfen bei uns keine Rolle mehr spielen.

1. Was bedeutete das Wort „Freiheit" für Sie zu der Zeit, als Sie aus Ihrem Elternhaus auszogen? Wovon waren Sie frei? Frei, um was zu tun?

2. „Durch Christus wurde euch die Freiheit geschenkt" – was meint Paulus mit dieser Freiheit?

3. Welche Botschaft vermittelt Vers 13 Menschen, die meinen, ihre Freiheit durch Christus erlaube ihnen zu tun, was sie wollen?

4. Christen sind zwar frei geworden von jeglicher geistigen Bindung, werden aber andererseits wieder zu Dienern (vgl. Verse 13-15) – wessen Diener? Welche Note würden Sie sich selbst in dieser Art des Dienens geben?

5. Welcher Kampf vollzieht sich im christlichen Leben ständig (V. 17)? Wie äußert sich das z.B. in Ihrem Leben?

6. Was ist nötig, damit die „guten Früchte" des Geistes Gottes in Ihrem Leben wachsen können (vgl. auch die Anmerkung zu Vers 24)?

> „Wahre Freiheit bedeutet nicht Hemmungslosigkeit und Zügellosigkeit, sondern Freiheit von jeglicher Gier und Bindung, welche die Erlösung und Erleuchtung der Seele verhindern."
> Walter Wanner

7. Welche selbstsüchtigen Wünsche (Verse 19-21) sind in Ihrem Leben bereits vernichtend geschlagen und abgestorben? Welche wurden tödlich verwundet? Welche erfreuen sich noch bester Gesundheit?

8. Welche Wirkungen des Heiligen Geistes (Verse 22-23) stehen in Ihrem Leben gerade in voller Blüte? Welche stecken noch in der Knospe?

9. Welches ist die größte Veränderung, die der Glaube in Ihrem Leben bewirkt hat? Wo haben Sie den Eindruck, dass Gott Sie zu weiteren Veränderungen in Ihrem Lebensstil herausfordert?

AUSTAUSCH
20 – 40 Minuten / Große Runde

Wen werden Sie zum nächsten Treffen einladen?

Nehmen Sie sich Zeit, um persönliche Gebetsanliegen mitzuteilen. Wenn Sie dann anschließend beten, können Sie sowohl für diese Anliegen beten als auch für die Dinge, die bereits im Bibelgespräch genannt wurden. Wer nicht weiß, wie er sein Gebet beginnen soll, dem mag der folgende Satz helfen:

GEBET

„Herr ich möchte dich für _____ (Name) bitten: ... (Anliegen nennen)"

Und vergessen Sie auch nicht, darum zu beten, dass der freie Platz beim nächsten Treffen von einem neuen Gruppenmitglied besetzt ist.

Zusammenfassung. Paulus gründete die Gemeinden in Galatien während seiner ersten Missionsreise. Nachdem er wieder abgereist war, kamen offenbar Judenchristen in die Region. Sie warfen Paulus vor, wichtige Aussagen des Evangeliums unterschlagen zu haben und verlangten von den Christen Galatiens, dass sie sich dem jüdischen Gesetz unterwarfen, um echte Christen zu sein. Dieser Brief betont wie kein anderer, dass die Erlösung ein *Geschenk* Gottes ist – frei von jeglichen Bedingungen. Paulus warnt seine Leser mehrfach, die durch Christus gewonnene Freiheit nicht aufs Spiel zu setzen, indem sie sich dem jüdischen Gesetz unterwerfen. Aber das ist nur die eine Bedrohung der christlichen Freiheit. Die andere liegt in der Versklavung durch die eigene gott-lose Natur. Im vorliegenden Kapitel warnt er die Leser jedoch auch davor, ihre Freiheit nicht dadurch zu gefährden, dass sie in den früheren selbstbezogenen Lebensstil zurückfallen.

5,13. Das bedeutet aber nicht, ... Was Paulus über die Freiheit vom Gesetz geschrieben hat, könnte als Freibrief für ein zügelloses Leben missverstanden werden. Das aber will Paulus keineswegs. Darum beginnt er seinen nächsten Abschnitt über das Leben als Christ mit der Frage, wie wir mit unserer Freiheit richtig umgehen. Paulus fordert einen verantwortungsbewussten Umgang mit der Freiheit, bei dem einer dem anderen in Liebe dient.

Freiheit. Die christliche Freiheit liegt zwischen zwei Extremen – der Versklavung unter das Gesetz (wo das Leben von einem dichten Netz von detaillierten Einzelgeboten bestimmt wird) einerseits und einer ungezügelten Hemmungslosigkeit (bei der keinerlei Grenzen oder Regeln mehr geachtet werden) andererseits. Paulus hat bereits festgehalten, dass niemand wirklich frei sein kann, bevor Christus ihm nicht die Last der persönlichen Schuld abgenommen hat. (Christus befreit von der Macht des Gesetzes.) Nun geht es ihm darum zu zeigen, dass wir auch von der Macht eigensüchtiger Sehnsüchte befreit werden

müssen. Und das geschieht durch die Erfüllung mit dem Heiligen Geist.

Nehmt ... Rücksicht aufeinander. Wörtlich: dient einander als Sklaven. Die einzige Form der Versklavung, die mit unserer Freiheit in Einklang zu bringen ist, ist die Bereitschaft, sich für andere einzusetzen.

5,14. Paulus wiederholt, was Jesus über das Gesetz gelehrt hat (vgl. Markus 12,28-31).

5,16. Lasst euer Leben vom Heiligen Geist bestimmen. Wörtlich: „Wandelt im Heiligen Geist", d.h. lasst die Art, wie ihr euer Leben führt – euren Lebensstil – vom Heiligen Geist bestimmt sein. Nicht das Gesetz, sondern der Heilige Geist bringt Menschen dazu, verantwortlich zu leben.

5,17. Im Leben eines Christen gibt es zwei einander widerstreitende Kräfte. Doch der Gläubige ist kein hilfloser Spielball zweier gegensätzlicher Mächte. Wir haben die Wahl: Wenn wir unserer selbstsüchtigen Natur nachgeben, werden wir von ihr versklavt werden, wenn wir jedoch den Impulsen des Heiligen Geistes folgen, werden wir frei werden. Jeder Gehorsam öffnet dem Heiligen Geist in uns neu die Tür. Jeder Ungehorsam hemmt sein Wirken.

5,20. Anbetung selbstgewählter Idole. Gemeint ist die Verehrung jeglicher Idole – ob es sich nun um geschnitzte Götterbilder (Statuen) oder um abstrakte Ersatzgötter (Statussymbole) handelt. Ob etwas zum selbstgewählten Idol geworden ist, zeigt sich in Entscheidungssituationen – dann wird der Betreffende dem Idol folgen.

abergläubisches Vertrauen auf übersinnliche Kräfte. „pharmakeia" bedeutet wörtlich „den Gebrauch von Drogen", welcher häufig mit Zauberei in Verbindung gebracht wurde.

Feindseligkeit. Gemeint ist die unterschwellige politische, gesellschaftliche und religiöse Feindseligkeit, die zwischen Einzelpersonen wie auch zwischen Gruppen zum Zerwürfnis führt.

5,21. Trunksucht. Zur Zeit des Paulus wurde verdünnter Wein in allen Altersgruppen regelmäßig getrunken, dennoch war Trunkenheit eher die Ausnahme und wurde gesellschaftlich verpönt (da sie den Menschen zum Tier zu wandeln schien).

5,22-23. Dagegen bringt der Heilige Geist in unserem Leben nur Gutes hervor. Die so genannten „Früchte des Heiligen Geistes" (wie sie in anderen Übersetzungen genannt werden), sind Merkmale der Kinder Gottes. Die Liste nennt Beispiele, ist aber keineswegs vollständig. **Liebe:** *agape,* die sich selbst verschenkende Liebe der Christen, die das Wohl des anderen im Blick hat. **Freude:** Das griechische Wort lautet *chara* und hat dieselbe Wurzel wie das Wort *charis* – Gnade. Diese Freude gründet sich nicht auf weltliche Dinge oder menschliche Leistung; sie ist ein Geschenk Gottes, das auf einer rechten Beziehung zu Gott beruht. **Frieden:** Die ursprüngliche Bedeutung dieses Wortes war nicht negativ definiert (als das Nichtvorhandensein von Konflikten), sondern positiv – als Vorhandensein dessen, was ein ganzheitliches Leben und Wohlbefinden ermöglicht. **Geduld:** Die Fähigkeit, zu anderen zu stehen und sie nicht aufzugeben oder fallen zu lassen. **Freundlichkeit:** Das Mitgefühl, das uns dazu bewegt, uns für das Wohl anderer einzusetzen. **Güte:** Hiermit ist eine moralische Integrität gemeint, die das Wesen Gottes widerspiegelt. **Treue:** verlässlich und vertrauenswürdig zu sein. **Besonnenheit:** Nach Aristoteles liegt diese Tugend zwischen den beiden Extremen – der Neigung zum Jähzorn und der Unfähigkeit, Zorn zu empfinden. Besonnenheit bedeutet in diesem Sinne auch Selbstbeherrschung. **Selbstbeherrschung:** Gemeint ist hier nicht die Kontrolle über hochschäumende Wut (das wäre die Besonnenheit), sondern die Kontrolle über das eigene sinnliche Verlangen.

5,23. Dann braucht ihr kein Gesetz zu fürchten. Korrektes Verhalten lässt sich durch Gebote erzwingen, Liebe, Freude, Frieden usw. lassen sich per Gesetz nicht erzwingen. Sie sind Gaben der Gnade Gottes. Damit bewegt man sich in einer völlig neuen Seins-Ebene, die das Gesetz als solches weit übersteigt.

5,24. hat sein selbstsüchtiges Wesen ... an das Kreuz geschlagen. Durch das Kreuz ist ein Mensch für die Macht des Gesetzes im wahrsten Sinne des Wortes „gestorben" (vgl. 2,19). In gleicher Weise, so sagt uns Paulus hier, stirbt ein Mensch durch die Kraft des Kreuzes für die Macht selbstsüchtiger Wünsche. Dass hier ein aktives Verb (ans Kreuz schlagen) benutzt wird, macht deutlich, dass es sich nicht um einen Vorgang handelt, der dem Christen passiv widerfährt, sondern um ein aktives Handeln des Christen selbst. Er hat sich von seinen alten, ungezügelten Lebensmustern bewusst abgewandt (ein Vorgang, der oft als „Umkehr" bezeichnet wird).

5,25. Durch den Heiligen Geist haben wir neues Leben. Ebenso wie unser Ego (das Ich-Denken) durch ein von Christus regiertes Denken ersetzt wird (vgl. 2,20), werden – so Paulus – die selbstsüchtigen Wünsche, die wir „ans Kreuz geschlagen" haben, durch ein Leben ersetzt, das vom Heiligen Geist bestimmt wird.

Mein Umgang mit Geld

ABLAUF

 Einstieg  Bibelgespräch  Austausch

EINFÜHRUNG INS THEMA

Geld – die Frage, wie man dran kommt, wie man es anlegt und wie man verhindert, alles wieder zu verlieren – bewegt die Menschen wohl wie nichts sonst auf dieser Welt. Wir träumen davon, mehr Geld zu besitzen; wir sorgen uns, ob es uns reichen wird. Wie sagte einmal jemand: „Geld macht nicht glücklich – aber es beruhigt ungemein."

Wir geben es nicht gerne zu, aber der „Traum vom Glück" bedeutet für die meisten von uns, unsere wirtschaftliche Situation zu verbessern und uns alles leisten zu können, was uns erstrebenswert erscheint. Und obwohl wir in den Ländern der westlichen Welt einen sehr hohen Lebensstandard erreicht haben, wollen wir immer noch mehr. Doch wird dieses „mehr" uns glücklicher machen? Wird es uns näher zu Gott führen? Bei ihrem Besuch der Vereinigten Staaten fragte man Mutter Teresa, welchen Eindruck sie von Amerika hätte. Sie meinte, Indien leide zwar unter einer unsäglichen wirtschaftlichen Armut, in Amerika jedoch greife eine geistliche Armut um sich.

Für manche ist Geld gleichbedeutend mit Sicherheit. Sie horten Geld für die gefürchteten „schlechten Zeiten" oder für die Absicherung ihrer Rente. Andere betrachten das Geld als ein Mittel, ihr Selbstwertgefühl zu heben. Ist Geld nicht schließlich die Eintrittskarte zum Leben? In der Regel sind Menschen mit viel Geld bei uns hoch angesehen – wir machen sie zu den führenden Köpfen in unseren Regierungen, in der Wirtschaft und in unseren Gemeinden. Wieder andere setzen das Geld mit Zuneigung gleich. Da werden Geld und Geschenke zum Ersatz für Liebe oder bedingungslose Annahme.

Wählen Sie einen Vorschlag für das Bibelgespräch. Die Kurzerläuterungen in der Einführung helfen bei der Entscheidung.

Jesus wusste um die Anziehungskraft des Geldes und sprach häufig darüber. In den Bibelgesprächen zu dieser Einheit werden wir zwar erfahren, dass Geld an sich nichts Schlechtes ist, dass es aber nur allzu oft missbraucht wird. Die Bibel lehrt uns, wie wir anders mit Geld umgehen können – indem wir es z.B. in das Reich Gottes investieren. Im Gleichnis aus *Vorschlag 1* zeigt Jesus die Folgen der Habsucht auf. Beim Text für *Vorschlag 2* (aus dem ersten Timotheusbrief) weist Paulus auf die Gefahren des Geldes hin und ermahnt alle Wohlhabenden, großzügig zu geben.

EINSTIEG
15 – 20 Minuten / Große Runde

ZUM
KENNENLERNEN

Einmalige Gelegenheiten. Wer kennt nicht den Reiz, den Sonderangebote auf uns ausüben? Beantworten Sie die erste Frage reihum und wenden Sie sich anschließend der zweiten Frage zu.

1. Welchem der folgenden Sonderangebote könnten Sie nur schwer widerstehen? Nennen Sie die zwei verlockendsten Angebote.
   - ❏ 30% Preisnachlass bei Ihrer Lieblingsschokolade
   - ❏ einen Monat *Premiere World* umsonst; wenn Sie danach nicht kündigen, verlängert sich Ihr Abo automatisch um jeweils ein Jahr
   - ❏ eine kostenlose Vorspeise in einem romantischen Restaurant für Ihre/n Begleiter/in
   - ❏ Vielflieger-Bonus
   - ❏ 40% Preisnachlass in dem Laden, in dem Sie die Kleidung finden, die Ihnen am meisten zusagt
   - ❏ Tribünenplätze zum Preis von Stehplätzen für die Fußballmannschaft, deren Mannschaftsschal Sie tragen
   - ❏ ein antikes Möbelstück / eine wertvolle Briefmarke ein Drittel unter dem Listenpreis
   - ❏ Eintrittskarten zum halben Preis für Ihre Lieblingsband / das Ensemble, das Sie am liebsten hören
   - ❏ einen Monat kostenlose Mitgliedschaft im Fitnessclub Ihrer Wahl

2. Wo würden Sie sich selbst einordnen: „Wenn es um Sonderangebote geht, bin ich eher ...

1	2	3	4	5
zynisch	misstrauisch	vorsichtig	empfänglich	zu allem bereit

BIBELGESPRÄCH
30 – 40 Minuten / Vierergruppen

VORSCHLAG 1

Zu kurz gedacht
Lukas 12,13-21

In der folgenden Geschichte warnt uns Jesus davor, materiellen Wohlstand zum Inhalt unseres Lebens zu machen. Lesen Sie den Bibeltext aus dem Lukasevangelium laut vor. Die anschließenden Fragen geben Ihnen einen Leitfaden für Ihr Gespräch.

¹³ Da rief einer aus der Menge: „Herr, sage doch meinem Bruder, er soll unser Erbe gerecht mit mir teilen." ¹⁴ Aber Jesus wies ihn zurück: „Bin ich etwa euer Richter oder Schiedsmann?" ¹⁵ Dann wandte er sich an alle: „Hütet euch vor der Habgier! Wenn jemand auch noch so viel Geld hat, das Leben kann er sich damit nicht kaufen." ¹⁶ An einem Beispiel erklärte er seinen Zuhörern, was er damit meinte: „Ein reicher Gutsbesitzer hatte eine besonders gute Ernte. ¹⁷ Er überlegte: ‚Wo soll ich bloß alles unterbringen? Meine Scheunen sind voll; da geht nichts mehr rein.' ¹⁸ Er beschloss: ‚Ich werde die alten Scheunen abreißen und neue bauen, so groß, dass ich das ganze Getreide, ja alles, was ich habe, darin unterbringen kann.' ¹⁹ Dann will ich mich zur Ruhe setzen. Ich habe für lange Zeit ausgesorgt. Jetzt lasse ich es mir gut gehen. Ich will gut essen und trinken und mein Leben genießen!' ²⁰ Aber Gott sagte zu ihm: ‚Du Narr! Noch in dieser Nacht wirst du sterben. Was bleibt dir dann von deinem Reichtum?' ²¹ So wird es allen gehen, die auf der Erde Reichtümer sammeln, aber mit leeren Händen vor Gott stehen."

„Auf der Tabelle, die die Börsenkurse anzeigt, wird Blut nie sichtbar."
Heinrich Böll

1. Wie würden Sie den Reichen aus diesem Gleichnis beschreiben?
   ❏ ein Angeber   ❏ kurzsichtig
   ❏ materialistisch   ❏ unglücklich
   ❏ genial   ❏ dumm
   ❏ zufrieden   ❏ egoistisch
   ❏ ein Durchschnittsmensch   ❏ erfolgreich
   ❏ _____

2. Wie wäre wohl der Nachruf des Lokalreporters auf diesen reichen Gutsbesitzer betitelt gewesen?
   ❏ Fleiß und Arbeitseinsatz zahlen sich aus
   ❏ Eine wahre Erfolgsstory
   ❏ Dumm – dümmer – am dümmsten
   ❏ Herausragende Unternehmerpersönlichkeit
   ❏ _____

3. Wie möchten Sie nach Ihrem Tod in Erinnerung bleiben? Als
   ❏ ein Mensch, der es zu etwas gebracht hat
   ❏ ein Mensch, der viel von seinem Besitz für gute Zwecke spendete
   ❏ ein Mensch, der sich alles selbst erarbeitet hat
   ❏ ein Mensch, der zwar viel besaß, aber nicht daran hing und auch großzügig schenken konnte
   ❏ ein Mensch, der sein Leben und seinen Besitz genoss
   ❏ ein Mensch, dem Gott wichtiger war als jeder materielle Besitz
   ❏ _____

4. Warum ging Gott mit den Lebensträumen dieses Reichen so hart ins Gericht?
   ❏ weil Gott Selbstzufriedenheit nicht ausstehen kann
   ❏ weil Gott eifersüchtig ist auf alle anderen „Götter"
   ❏ weil Gott keine Reichen mag

❏ weil Gott mit den Armen fühlt
❏ weil Gott mit den Reichen fühlt
❏ _____

5. Welche der folgenden Aussagen trifft Ihre Einstellung zum Geld am besten?
   ❏ Alles meins – Hände weg!
   ❏ Es gehört Gott – Ich bin nur der Treuhänder.

„Die Sorge darum, wie man sein Geld erhält, ist die schrecklichste Knechtschaft." Martin Luther

6. Was wollten Sie mit 18 Jahren in Ihrem Leben erreichen – welche Ziele hatten Sie?
   ❏ einen Job finden, Geld verdienen, um mir dies und das zu kaufen
   ❏ studieren und das Leben genießen
   ❏ studieren und mit einem erstklassigen Abschluss ins Berufsleben einsteigen
   ❏ heiraten und eine Familie gründen
   ❏ Karriere machen
   ❏ möglichst viel Abenteuerliches erleben
   ❏ bis zum 30. Lebensjahr die erste Million besitzen
   ❏ hatte keinerlei Ziele
   ❏ _____

7. Was ist heute Ihr höchstes Ziel? (Nennen Sie Ihre drei wichtigsten Ziele.)
   ❏ ein besserer Job, ein Karrieresprung
   ❏ schöne Dinge besitzen
   ❏ das Leben genießen können
   ❏ eine gute Ehe und Familie
   ❏ gute Freundschaften
   ❏ eine intensivere Gottesbeziehung
   ❏ viel Geld verdienen
   ❏ in dieser Welt etwas bewegen
   ❏ finanziell unabhängig werden
   ❏ mir selbst treu sein
   ❏ _____

8. Wie würden Sie momentan Ihr Hauptziel im finanziellen Bereich umschreiben?
   ❏ genug verdienen, um die laufenden Rechnungen bezahlen zu können
   ❏ aus den Schulden herauskommen
   ❏ Geld für die Alterssicherung zur Seite legen
   ❏ Geld sparen für _____
   ❏ so viel verdienen, dass ich mir alles leisten kann, was ich mir für mein Leben vorstelle
   ❏ mehr Geld spenden, als ich es momentan tue
   ❏ innerlich unabhängiger zu werden von finanziellen Maßstäben
   ❏ _____

„Ich habe noch nie einen Leichenwagen mit Anhänger gesehen." Charles Swindoll

9. Würde sich Ihr Leben verändern, wenn Sie die Aussage Jesu in Vers 14 ernst nehmen würden: „Wenn jemand auch noch so viel Geld hat, das Leben kann er sich damit nicht kaufen"? Inwiefern?

❑ Dann müsste ich wohl ins Kloster eintreten.

❑ Dann würde ich mehr Wert auf *die* Dinge im Leben legen, die man nicht kaufen kann.

❑ Dann hätte ich mehr Geld für Menschen in Not übrig.

❑ Dann würde ich mehr für soziale oder kirchliche Projekte spenden.

❑ Dann wäre meine Kreditkartenabrechnung nicht immer so teuer.

❑ Es würde sich nichts ändern. – Ich nehme diese Aussage ·bereits beim Wort. ·

❑ _____

VORSCHLAG 2

Finanziell abgesichert?
1. Timotheus 6,3-10.17-19

In diesem Brief an Timotheus, einen jungen Mitarbeiter, schreibt Paulus über das Für und Wider des Geldes. Lesen Sie den Text und sprechen Sie in den Gruppen über die nachstehenden Fragen.

[3] Wer aber etwas anderes behauptet, wer sich nicht an die heilsamen Worte unseres Herrn Jesus Christus hält und die christliche Lehre in den Wind schlägt, [4] der nimmt nur sich selbst wichtig, weiß aber überhaupt nichts. Solche Leute sind auf ihr hohles Geschwätz stolz und auf ihr Herumdiskutieren, das keinem nützt, woraus sich aber oft Neid, Zank, böses Gerede und gemeine Verdächtigungen ergeben. Wie eine Krankheit, wie eine Seuche ist das. [5] Man könnte meinen, sie hätten den Verstand verloren und die Wahrheit nie gehört; versuchen sie doch sogar, aus dem Glauben an Jesus Christus Kapital zu schlagen und sich daran zu bereichern. [6] Dabei ist in der Tat jeder reich, der an Gott glaubt und mit dem zufrieden ist, was er hat. [7] Denn wir sind auf diese Welt gekommen, ohne etwas zu besitzen, und genauso werden wir sie auch wieder verlassen. [8] Wenn wir zu essen haben und uns kleiden können, sollen wir zufrieden sein. [9] Wie oft sind die Menschen, die um jeden Preis reich werden wollten, den Versuchungen des Teufels erlegen; wie oft haben sie sich in seinen Netzen gefangen! Solche unsinnigen und schädlichen Wünsche stürzen die Menschen in den Untergang und ins Verderben. [10] Denn alles Böse wächst aus der Habgier. Schon so mancher ist ihr verfallen und hat dadurch seinen Glauben verloren. Wie viel Not und Leid hätte er sich ersparen können! ...
[17] Zum Schluss noch eins: Den Reichen musst du unbedingt einschärfen, dass sie sich nichts auf ihren irdischen Besitz einbilden oder ihre Hoffnung auf etwas so Unsicheres wie den Reichtum setzen. Sie sollen vielmehr auf Gott hoffen, der uns reich beschenkt mit allem, was wir brauchen. [18] Sage ihnen, dass sie Gutes tun sollen und gern von ihrem Reichtum abgeben, um anderen zu helfen. So werden sie wirklich reich sein [19] und sich ein gutes Fundament für die Zukunft schaffen, um das wahre und ewige Leben zu gewinnen.

1. Welche Prinzipien über den Umgang mit Geld haben Ihre Eltern Ihnen mit auf den Weg gegeben?

2. Worin beruht der „Reichtum" dessen, der „an Gott glaubt und mit dem zufrieden ist, was er hat", wie es in Vers 6 heißt?

3. Welches momentane finanzielle oder materielle Bedürfnis müsste für Sie erfüllt werden, damit Sie zufrieden sein könnten?

4. Welche Gefahren bringt der Wunsch mit sich, reich zu sein (Verse 9-10)? Inwiefern könnte Reichtum dazu führen, dass Sie „den Versuchungen des Teufels" erliegen und sich „in seinem Netz" verfangen?

5. Worin besteht der Unterschied zwischen der Freude an dem, was Geld uns ermöglicht, und der Liebe zum Geld – der „Habgier", wie es im Text heißt (vgl. Verse 10 und 17 sowie die Anmerkung zu Vers 17)?

6. Wann war in Ihrem Leben die Versuchung am größten, zu einem „Diener Mammons" zu werden und der Habgier zu erliegen?

7. Was sagt Paulus den Menschen, die Geld im Übermaß besitzen (vgl. insbesondere Vers 17-19)?

8. Mal ganz ehrlich – wie viel Prozent Ihrer Hoffnung machen Sie am Geld fest und wie viel Prozent in Gott?

9. Was ist momentan Ihre größte Geldsorge? Worum sorgen Sie sich am meisten im Blick auf Ihr geistliches Leben oder auf die Situation des Reiches Gottes?

> „Ersetzt die Habgier durch die Liebe, und alles kommt in Ordnung."
> Mahatma Gandhi

AUSTAUSCH
20 – 40 Minuten / Große Runde

Wen werden Sie zum nächsten Treffen einladen?

Nehmen Sie sich Zeit, um sich mitzuteilen, was Ihren Alltag gerade bestimmt, und füreinander zu beten. Die folgende Frage kann als Einstieg für diesen Austausch dienen:

„Wie können wir dir in dieser Woche durch unser Gebet helfen?"

GEBET

Beim gemeinsamen Gebet könnten Sie auch die folgende Form wählen: Jeder betet für seinen rechten Nachbarn. Wer nicht weiß, wie er/sie anfangen soll, der kann sein Gebet so beginnen:

„Herr, ich bitte dich für _____"

Zusammenfassung. Paulus spricht in diesem Brief das Problem an, dass in den von ihm gegründeten Gemeinden auch eine Menge anderer Lehrer auftraten, die aber eine zweifelhafte Botschaft hatten. Er zeigt Timotheus, welche Rolle er als Gemeindeleiter im Umgang mit solchen Leuten zu erfüllen hat. Dabei spricht er auch näher über die Motivationen derer, die falsche Lehren verbreiten. Es zeigt sich, dass ihre Hauptbeweggründe Stolz, die Lust am Herumdiskutieren und Habgier sind. Demgegenüber mahnt Paulus, die Motivation für unser Reden und Handeln solle die Zufriedenheit sein, die aus dem Glauben kommt (Verse 6-10).

6.3. wer ... die christliche Lehre in den Wind schlägt. Mit diesem Thema hat der Timotheusbrief bereits begonnen, und nun kommt Paulus erneut auf die falschen Lehrer zu sprechen – auf Menschen, die von den „heilsamen Worten unseres Herrn Jesus Christus" abgewichen sind.

6.4. Wie eine Krankheit, wie eine Seuche ist das. Das hohle Geschwätz der falschen Lehrer ist wie eine Krankheit und steht im krassen Gegensatz zu den „heilsamen" Lehren Jesu (Vers 3).

6.5. versuchen sie doch sogar, aus dem Glauben an Jesus Christus Kapital zu schlagen. Wie Paulus bereits in Vers 3,3 und 3,8 angedeutet hat, sind diese Leute letztlich nur an dem Geld interessiert, das sie durch ihre Lehren verdienen. Paulus findet es nicht falsch, dass jemand, der andere lehrt, für seine Arbeit bezahlt wird (vgl. 5,17-18), doch er verurteilt einen christlichen Dienst, der primär von Gewinnstreben motiviert wird.

6,6-10. Paulus hat zum Thema Geldgier zwei Dinge zu sagen: (1) Zufriedenheit mit dem, was Gott uns gibt, ist ein viel höheres Gut als es materieller Besitz sein könnte (Verse 6-8); und (2) wer um jeden Preis reich werden will, erlebt am Ende oft viel unnötige Not und Leid (Verse 9-10).

6,6. Dieser Vers steht als unmittelbarer Gegensatz zu den letzen Worten aus Vers 5 – ein überraschendes Wortspiel. Denn wenn diese Leute meinen, der Glaube sei ein Weg, um reich zu werden, so haben sie in der Tat Recht. Der Glaube bringt tatsächlich einen hohen Profit ein, doch dieser Reichtum (im metaphorischen Sinn gesprochen) beruht nicht auf Geld, sondern auf der Zufriedenheit dessen, der glaubt – der Zufriedenheit mit dem, was man hat, die auf materielles Gewinnstreben verzichten lässt.

zufrieden. Dieses Wort ist dem Sprachgebrauch der Stoiker (einer griechischen Schule der Philosophie) entliehen, die den Begriff der Zufriedenheit sehr gerne verwendeten. (Zenon, der Begründer dieser Schule kam aus Tarsus, der Heimatstadt des Paulus.) Das Wort „Zufriedenheit" bezieht sich auf Menschen, die sich nicht von den äußeren Umständen beeinflussen lassen. Solche Menschen ruhen in sich selbst und können sich deshalb über jede äußere Situation erheben. Paulus allerdings sieht den Ursprung einer solchen Zufriedenheit allein in Gott (vgl. Philipper 4,11).

6,7-8. Zwei Gründe nennt Paulus, warum Glaube und Zufriedenheit reich machen: Erstens kann niemand bei seinem Tod etwas mitnehmen. Warum sollte man sich also Sorgen um materiellen Reichtum machen, den man am Ende doch aufgeben muss? Und zweitens: Wenn jemand das Wichtigste im Leben gefunden hat, dann sollte das genügen.

6,9-10. Zum Abschluss weist Paulus auf die Gefahren des Reichtums hin. In diesen Versen zeigt er den Strudel auf, der mit dem Verlangen, reich zu werden, beginnt und uns nach unten zieht. Mit dem Verlangen kommt die „Versuchung", in deren „Netz" wir uns schließlich verfangen. Dieses Netz besteht in den „unsinnigen und schädlichen Wünschen", denen ein geldgieriger Mensch erliegt. Am Ende „stürzen die Menschen in den Untergang und ins Verderben".

6,9. Versuchungen des Teufels. Die Geldgier verführt die Menschen dazu, Dinge wahrzunehmen und zu ersehen, für die sie sich sonst gar nicht interessiert hätten, und führt sie damit weg von der Freude an Gott. Das ist eine wirksame Strategie des „Durcheinanderbringers": er nutzt unsere Sehnsucht nach echter Freude und gaukelt uns Erfüllung durch nichtige Dinge vor.

6,10. Denn alles Böse wächst aus der Habgier. Paulus zitiert an dieser Stelle vermutlich ein damals wohl bekanntes Sprichwort, um die Aussage aus Vers 9 zu bekräftigen, dass das Verlangen nach Geld zum Ruin führt.

Schon so mancher ist ihr verfallen und hat dadurch seinen Glauben verloren. Manche der falschen Lehrer waren vermutlich früher gute Gemeindeleiter. Doch durch die Versuchungen des Reichtums verfingen sie sich in den Netzen des Teufels (1. Timotheus 4,1-2), verfolgten spekulative Theorien (6,3-5) und wurden so von ihrer Liebe zum Geld in den Abgrund gezogen.

6,17-19. Die vorangegangene Doxologie (Lobpreis), in der Gott verehrt und gepriesen wird, wäre ein guter Schluss für diesen Brief gewesen. Doch Paulus erkennt, dass er noch etwas zum Reichtum sagen muss, um nicht missverstanden zu werden. In den Versen 9-10 spricht er sehr harte Worte gegen das Geld. Doch dort ging es ihm um die falschen Lehrer und ihren Umgang mit dem Glauben, mit dem sie sich finanzielle Gewinne verschaffen wollten (Vers 5). Was aber ist mit denen, die schon reich sind? Für sie gibt Paulus seinem Mitarbeiter Timotheus diese Worte mit auf den Weg.

6,17. sich nichts auf ihren irdischen Besitz einbilden oder ihre Hoffnung auf etwas so Unsicheres wie den Reichtum setzen. Das sind die beiden Gefahren des Reichtums – er lässt die Menschen glauben, sie wären etwas besseres als andere; und die Menschen fangen an, dem Reichtum mehr zu vertrauen als Gott.

Mein Beruf

ABLAUF

 **Einstieg**  **Bibelgespräch**  **Austausch**

EINFÜHRUNG INS THEMA

Immer, wenn wir Menschen begegnen, die wir noch nicht kennen, lautet eine der ersten Fragen mit großer Wahrscheinlichkeit: „Wo arbeiten Sie?" oder „Was machen Sie beruflich?" In unserer Gesellschaft wird die Identität eines Menschen sehr stark mit dem verknüpft, was er tut. Und wenn wir uns nicht bewusst dazu entschlossen haben, für eine Zeit lang nur innerhalb der Familie zu arbeiten, dann wünscht sich sicher jede/r von uns eine berufliche Position, die gut bezahlt wird, viel Flexibilität gewährt und uns persönliche Erfüllung schenkt.

Doch viele Menschen empfinden, dass ihr Job diesen Wünschen nicht gerecht wird. Heute haben wir Gelegenheit, unser Berufsleben einmal unter die Lupe zu nehmen. Ist die Begeisterung für den Beruf bereits verflogen? Fällt es schon schwer, morgens aus den Federn zu kommen? Ist der Beruf, den Sie einst so aufregend und spannend fanden, zur Last geworden? Ertappen Sie sich dabei, wie Sie hin und wieder darüber nachdenken, ob Sie nicht etwas anderes tun könnten?

Die Arbeitsstelle zu wechseln oder gar eine völlig neue berufliche Richtung einzuschlagen, kann zu einer traumatischen Erfahrung werden. Vielleicht träumen Sie davon, sich selbständig zu machen oder eine berufliche Neigung zu verwirklichen, die Sie schon seit langem hegen; doch auch ein Berufswechsel kann manche Enttäuschung beinhalten. Vielleicht brauchen Sie keinen neuen Beruf, sondern eine neue Einstellung zum Beruf? Andererseits mag eine berufliche Veränderung aus den verschiedensten Gründen dran sein – es kommt jeweils auf Ihre spezielle Situation an.

Wie unsere Zeit und unser Geld ist auch unser Beruf eine Gabe Gottes. Es ist kein Zufall, dass die beiden Wörter „Beruf" und „Berufung" auch sprachlich-etymologisch zusammengehören. Deswegen kann ein Nachdenken über die eigene berufliche Situation nicht unabhängig von der Frage erfolgen, welche Berufung Sie von Gott her in Ihrem Leben verspüren. Gelegenheit dazu gibt das heutige Gespräch.

Im *Vorschlag 1* geht es in einem Gleichnis Jesu um einige Arbeiter, die sich verständlicherweise unfair behandelt fühlten. Im *Vorschlag 2* (aus dem Brief des Paulus an die Römer) geht es um unsere Einstellung zu unserem Beruf und um die Frage, wie wir unsere geistlichen Gaben in den Beruf einbringen.

Dies ist bereits das vorletzte Treffen dieses Kurses. Haben Sie sich schon einmal überlegt, wie Sie die gemeinsam verbrachte Zeit feiern könnten? Vielleicht mit einem gemeinsamen festlichen Abendessen? Mit einem Rückblicks-Fest? Oder auch mit dem Beschluss, als Gruppe gemeinsam weiterzumachen?

EINSTIEG
15 – 20 Minuten / Große Runde

Traumjob. Wenn Sie die freie Wahl hätten, welchen Beruf würden Sie wählen? Wählen Sie aus der folgenden Liste zwei Berufe – und zwar a) Ihre erste Wahl und b) den Beruf, den Sie nie und nimmer ergreifen würden. Wenn die Gruppe klein ist, können Sie versuchen, gegenseitig zu erraten, wer was gewählt hat. In großen Gruppen geht es schneller, wenn jede/r seine Wahl vorstellt.

- ✗ **Polizeibeamter:** Stets im Einsatz für Gerechtigkeit und Freiheit; der Schrecken der Unterwelt.
- ✗ **Entertainer:** Singen, tanzen, schauspielern – ein echter Stern am Medienhimmel.
- ✗ **Staranwältin:** Die gesetzeskundige und wortgewandte Verteidigerin der Unschuldigen.
- ✗ **Bundeskanzler:** Einmal ganz oben auf der politischen Bühne stehen und Entscheidendes voranbringen.
- ✗ **Model:** Die strahlende Erscheinung in der Welt von Mode und Outfit.
- ✗ **Lehrerin:** Nie verlegen um einen Weg, Schüler zu motivieren und ihnen eine gute Grundlage für ihr Leben mitzugeben.
- ✗ **Chirurgin:** Leben zu retten ist Alltagsgeschäft.
- ✗ **Missionar:** Begeistert vom Evangelium an jeden noch so entlegenen Winkel der Erde gehen.
- ✗ **Psychologin:** Als aufmerksame Zuhörerin und geschätzte Ratgeberin Menschen helfen, wieder zu innerer Ruhe und Ausgeglichenheit zu finden.
- ✗ **Astronaut:** Als Pionier im Dienste der Wissenschaft unterwegs durch ferne Galaxien.
- ✗ **Pfarrerin:** Mit einem Blick für die spirituellen Bedürfnisse der Menschen und begeistert vom Reich Gottes Gemeinde bauen.
- ✗ **Formel-1-Pilot:** Der Nürburgring ist meine Welt – und jede Runde eine Weltumsegelung.
- ✗ **Tierarzt:** Mit jeder Sorge um unsere geliebten Vierbeiner jederzeit ansprechbar.
- ✗ **Schriftstellerin:** Die Bestseller-Autorin, die sogar den Erfolg von Harry Potter noch übertrifft.

a) Mein Traumberuf:_____

b) Was ich auf keinen Fall wählen würde: _____

BIBELGESPRÄCH
30 – 40 Minuten / Vierergruppen

VORSCHLAG 1

Einstellungssache
Matthäus 20,1-16

In diesem Gleichnis erzählt Jesus von Erntearbeitern in einem Weinberg. Die Landbesitzer beschäftigten Vollzeitkräfte, die sich um die tägliche Arbeit auf dem Weingut kümmerten; doch während der Ernte, wenn es viel zu tun gab, stellten sie zusätzlich Saisonarbeiter ein. Zu solchen Zeiten kamen Männer von außerhalb in die Dörfer in der Hoffnung, Arbeit zu finden. Lesen Sie den Bibeltext und sprechen Sie anschließend in den Gruppen über die Fragen.

¹ „Ich möchte euch ein Gleichnis erzählen", sagte Jesus. „Ein Weinbauer ging frühmorgens Arbeiter für seinen Weinberg anwerben. ² Er einigte sich mit ihnen auf den üblichen Tageslohn und ließ sie in seinem Weinberg arbeiten. ³ Ein paar Stunden später ging er noch einmal über den Marktplatz und sah dort Leute herumstehen, die arbeitslos waren. ⁴ Auch diese schickte er in seinen Weinberg und versprach ihnen einen angemessenen Lohn. ⁵ Zur Mittagszeit und gegen drei Uhr nachmittags stellte er noch mehr Arbeiter ein. ⁶ Als er um fünf Uhr in die Stadt kam, sah er wieder ein paar Leute untätig herumstehen. Er fragte sie: 'Warum habt ihr heute nicht gearbeitet?' ⁷ ,Uns wollte niemand haben', antworteten sie. ,Geht doch und arbeitet auch noch in meinem Weinberg!' forderte er sie auf. ⁸ Am Abend beauftragte er seinen Verwalter: ,Ruf die Leute zusammen und zahle ihnen den Lohn aus! Beginne damit beim Letzten und höre beim Ersten auf!' Zuerst kamen also die zuletzt Eingestellten, ⁹ und jeder von ihnen bekam den vollen Tageslohn. ¹⁰ Jetzt meinten die anderen Arbeiter, sie würden mehr bekommen. Aber sie bekamen alle nur den vereinbarten Tageslohn. ¹¹/¹² Da fingen sie an zu schimpfen: ,Diese Leute haben nur eine Stunde gearbeitet, und du zahlst ihnen dasselbe wie uns. Dabei haben wir uns den ganzen Tag in der brennenden Sonne abgerackert!' ¹³ ,Mein Freund', entgegnete der Weinbauer, ,dir geschieht doch kein Unrecht! Haben wir uns nicht auf diesen Betrag geeinigt? ¹⁴ Nimm dein Geld und geh! Ich will den anderen genauso viel zahlen wie dir. ¹⁵ Schließlich darf ich doch wohl mit meinem Geld machen, was ich will! Oder ärgerst du dich, weil ich großzügig bin?' ¹⁶ Ebenso werden die Letzten einmal die Ersten sein, und die Ersten die Letzten."

> „Wenn ein Mann zum Straßenfeger berufen ist, dann sollte er die Straßen fegen mit der gleichen Sorgfalt, mit der Michelangelo seine Bilder malte, Beethoven seine Musik komponierte oder Shakespeare Gedichte schrieb. Er sollte die Straßen so gut fegen, dass alle Heerscharen des Himmels und der Erde einmal sagen: ,Hier lebte ein großer Straßenfeger, der seine Arbeit gut gemacht hat.'"
> Martin Luther King

1. Wenn Sie einer der Arbeiter gewesen wären, die als Erste eingestellt wurden – wie hätten Sie am Ende der Geschichte reagiert?
   - ❑ Für diesen Ausbeuter hätte ich nie wieder gearbeitet.
   - ❑ Ich hätte den Weinbauern vorm Arbeitsgericht verklagt.
   - ❑ Ich hätte dafür gesorgt, dass in der Umgebung bekannt wird, was dieser Weingutsbesitzer für ein mieser Kerl ist.

❏ Ich hätte mich nicht beschwert – schließlich habe ich den vereinbarten Lohn bekommen.

❏ Ich hätte mich für die anderen gefreut, die nach mir eingestellt wurden.

❏ _____

2. Betrachten Sie die Geschichte einmal aus der Sicht eines Arbeitgebers. Wie hätten Sie die Lohnpolitik dieses Weinbauern beurteilt?

❏ Der Mann ist viel zu gutherzig.

❏ Er hat sich den zuerst eingestellten Arbeitern gegenüber unfair verhalten.

❏ Das war schon in Ordnung so. – Schließlich kann jeder mit seinem Geld machen, was er will.

❏ Er war ein mitfühlender, guter Mensch, aber er kriegt Ärger mit der Gewerkschaft.

❏ Er war kein guter Geschäftsmann.

❏ _____

3. Erinnern Sie sich noch an Ihre erste Arbeitsstelle? Was taten Sie? Wie kam es, dass Sie gerade diese berufliche Laufbahn einschlugen? Wurde Ihre Leistung immer angemessen entlohnt?

4. Warum arbeiten Sie? Nennen Sie den ausschlaggebenden Grund.

❏ um zu überleben

❏ um unseren Kindern eine bessere Zukunft zu sichern

❏ um Geld zu verdienen und mir materiell etwas leisten zu können

❏ um Geld für einen guten Zweck spenden zu können

❏ weil ich Erfüllung in meinem Beruf finde

❏ weil ich mich sonst langweilen würde

❏ weil ich es als meine Berufung ansehe

❏ _____

5. Wie würden Sie Ihre Einstellung zum Beruf auf der folgenden Skala einordnen?

Ich betrachte meinen Beruf als ...

1	2	3	4	5	6	7	8	9	10

Job, den ich
halt machen muss

eine großartige
Berufung Gottes

6. Was betrachten Sie als das größte Problem in Ihrer Arbeit?

❏ Zeitdruck und Überstunden

❏ einen verständnislosen Chef

❏ monotone oder sinnlose Arbeit

❏ die Arbeit und mein übriges Leben in Einklang zu bringen

❏ die Opfer, die meine Familie der Arbeit wegen bringen muss

❏ schwierige Kollegen

❏ schlechte Bezahlung / kaum Zusatzleistungen

❏ die fehlende Sicherheit, ob ich den Job behalten werde

❏ _____

„Kein noch so hoher Lohn hat je einen guten Soldaten, einen guten Lehrer, einen guten Künstler oder einen guten Arbeiter hervorgebracht."

John Ruskin

7. Wie würden Sie Ihre jetzige Einstellung zum Beruf beschreiben?
   ❑ Ich verdiene meinen Lebensunterhalt.
   ❑ Eine einzige Qual.
   ❑ Ich stehe nicht voll dahinter – gebe nicht mein Bestes.
   ❑ Ich investiere mich total in die Arbeit – aber es kommt nicht genug zurück.
   ❑ Ich gebe alles und empfinde eine gewisse Zufriedenheit durch das, was ich tue.
   ❑ Meine Arbeit macht mir Spaß.
   ❑ _____

8. Welche Veränderung könnte Ihre Einstellung zum Beruf verbessern?
   ❑ die Arbeit nicht nur als Weg zum Geldverdienen anzusehen
   ❑ meine Vorgesetzten nicht länger als meine Feinde zu betrachten
   ❑ mich zu fragen, was ich beisteuern kann, statt nur zu verlangen, dass es mir etwas bringt
   ❑ zu überlegen, wie Gott mich an meinem Arbeitsplatz gebrauchen kann
   ❑ meine Gaben stärker in meine Arbeit einzubringen
   ❑ zu überlegen, wie Gott den Menschen, mit denen ich zusammenarbeite, begegnen kann
   ❑ Das Einzige was helfen würde, wäre eine neue Arbeitsstelle.
   ❑ _____

9. Erinnern Sie sich noch einmal an Ihre Antwort auf Frage 1. Im Blick auf Ihr Leben – fühlen Sie sich von Gott ähnlich behandelt wie die Arbeiter im Gleichnis vom Gutsbesitzer? Was will Jesus mit diesem Gleichnis sagen?
   ❑ Wen Gott ruft, den ruft er ganz.
   ❑ Gott misst mit anderen Maßstäben.
   ❑ Bei Gott kommt niemand zu kurz.
   ❑ Gott gibt jedem das, was er braucht.
   ❑ Vergleicht euer Leben nicht ständig mit dem anderer – messt es lieber an der Großzügigkeit Gottes.
   ❑ Im Reich Gottes gibt es keine Arbeitslosigkeit.
   ❑ _____

VORSCHLAG 2

Ganzer Einsatz
Römer 12,1-8

In den ersten 11 Kapiteln des Römerbriefes geht es dem Apostel Paulus vor allem um theologische Grundlagen. In Kapitel 12 wendet sich Paulus auch praktischen Fragen des täglichen Lebens zu. Er schreibt seinen Lesern, dass sie den Leib Christi – die Gemeinde – mit aufbauen und stärken können, indem sie ihre geistlichen Gaben erkennen und gebrauchen lernen. Lesen Sie den Text aus dem Römerbrief und sprechen Sie in den Gruppen über die Fragen.

¹ Weil ihr Gottes Barmherzigkeit erfahren habt, fordere ich euch auf, liebe Brüder, mit Leib und Leben für Gott da zu sein. Seid ein lebendiges und

heiliges Opfer, das Gott gefällt. Einen solchen Gottesdienst erwartet er von euch. ² Nehmt nicht die Forderungen dieser Welt zum Maßstab, sondern ändert euch, indem ihr euch an Gottes Maßstäben orientiert. Nur dann könnt ihr beurteilen, was Gottes Wille ist, was gut und vollkommen ist und was ihm gefällt. ³ In der Vollmacht, die mir Gott als Apostel gegeben hat, warne ich jeden Einzelnen von euch: Schätzt euch nicht höher ein, als euch zukommt. Bleibt bescheiden, und maßt euch nicht etwas an, was über die Gaben hinausgeht, die Gott euch geschenkt hat. ⁴ Unser Körper besteht aus vielen Teilen, die ganz unterschiedliche Funktionen haben. ⁵ Ebenso ist es mit uns Christen. Gemeinsam bilden wir alle den Leib Christi – die Gemeinde –, und jeder Einzelne ist auf die anderen angewiesen. ⁶ Gott hat jedem von uns durch seinen Heiligen Geist unterschiedliche Gaben geschenkt. ⁷ Hat jemand zum Beispiel die Gabe, in Gottes Auftrag prophetisch zu reden, dann muss dies mit dem Glauben übereinstimmen. Wem Gott einen praktischen Dienst übertragen hat, der soll ihn gewissenhaft ausführen. Wer Gottes Wort lehrt, soll diesem besonderen Auftrag gerecht werden. ⁸ Wer andere im Glauben ermutigen kann, der soll diese Gabe nutzen. Wer von der Gemeinde beauftragt ist, die Armen zu versorgen, der soll das gerecht und unparteiisch tun. Wer eine Gemeinde zu leiten hat, soll sich ganz für sie einsetzen. Wer Kranke und Alte zu pflegen hat, der soll es gern tun.

1. Wie stark haben Sie als Jugendliche/r den Druck Ihrer Altersgenossen zu spüren bekommen, sich der Gruppe anzupassen?

2. Was bedeutet es für Sie, „mit Leib und Leben für Gott da zu sein" (Vers 1)?

3. Wie orientieren Sie sich an Gottes Maßstäben (Vers 2)? Und was geschieht dadurch?

4. Wie lauten die „Forderungen dieser Welt" (Vers 2) in Bezug auf Karriere und berufliches Weiterkommen?

„Gott hat mich nicht dazu berufen, Erfolge zu verzeichnen; er hat mich berufen, treu zu sein."
Mutter Teresa

5. Welchen Einfluss haben Ihr christlicher Glaube und die damit verbundenen Werte auf Ihre Karriereplanung?

6. Inwiefern fühlen Sie sich von Vers 3 angesprochen? Wie sehr neigen Sie dazu, „sich selbst höher einzuschätzen, als Ihnen zukommt" (Vers 3), oder dazu, sich selbst schlecht zu machen? – Vielleicht beantworten Sie diese Frage nur im Stillen für sich.

7. Welche der in den Versen 6-8 genannten Gaben entspricht Ihnen am meisten? Welche dieser Gaben erkennen Sie in anderen Teilnehmern/innen dieser Gruppe?

✗ **Prophetisch reden:** Ein „Prophet" hat einen scharfen Sinn für die geistliche Wirklichkeit hinter den Dingen und ein Gespür dafür, was geistlich „dran" ist. Er ist wahrhaftig, geradlinig, freimütig, kompromisslos, offen für das Reden Gottes und berufen, für das, was er erkennt, zu beten.

„Erfüllung tritt nicht automatisch ein, wenn man mit den richtigen Leuten Kontakt hat, den richtigen Job findet – ja noch nicht einmal, wenn man den richtigen Glaubensdienst tut. Erfüllung ... finden wir dort, wo wir mit dem Willen Gottes in Einklang stehen."
Marilyn Olson

KOMMENTAR

✗ **Im Praktischen dienen:** Ein „Diener" erkennt, wo Hilfe nötig ist, ist praktisch begabt, packt zu, ist gewissenhaft; freut sich, wenn Aufgaben erledigt werden, egal wem nachher das Lob zukommt.

✗ **Gottes Wort lehren:** Ein „Lehrer" hat eine Liebe zum Wort Gottes, kennt sich darin aus, kann es gut erklären und auf die Situation der Hörer beziehen. Häufig sind Lehrer sehr systematisch, konzeptionell denkend – und einfallsreich im Blick auf die Weitergabe dessen, was sie erkannt haben.

✗ **Andere im Glauben ermutigen:** Einem „Seelsorger" ist es ein Anliegen, dass andere im Glauben vorankommen; er kann trösten und anspornen und konkrete Ziele formulieren. Seelsorgerliche Menschen sind häufig zielstrebig und besitzen Disziplin, Einfühlungsvermögen und Menschenkenntnis.

✗ **Arme versorgen, Kranke und Alte pflegen:** Ein „Diakon" (im ursprünglichen Wortsinn) hat ein Herz für die Schwachen; kann organisieren und planen und Ressourcen einschätzen und ist sich nicht zu schade, praktisch mit anzupacken; oft sind es gefühlsbetonte Menschen mit einem feinen Gespür für die Nöte anderer, sie können gut zuhören, Mut zusprechen, für andere sorgen und „einfach nur da sein", wenn es gebraucht wird.

✗ **Eine Gemeinde leiten:** Ein „Leiter" ist aufgabenorientiert, gut organisiert, entscheidungsfreudig, braucht eine gewisse Art von Stress, um zu Höchstform aufzulaufen; andererseits kann er gut delegieren und ist kommunikativ und kann andere gut in die Mitarbeit einbinden.

8. Wie setzen Sie die speziellen Gaben, die Gott Ihnen gegeben hat, in Ihrem Leben im Allgemeinen ein? Wie tun Sie dies in Ihrem beruflichen Leben?

9. Wie könnten Sie Ihre Gaben, insbesondere im Beruf, noch besser einsetzen?

Wenn Sie das Thema vertiefen möchten, können Sie – gemeinsam oder zu Hause – auch den folgenden Abschnitt aus dem Korintherbrief mit bedenken. Dort geht es ebenfalls um die Gaben des Geistes und darum, wie sie zum Wohl aller eingesetzt werden sollen.

[1] **Nun möchte ich mit euch, liebe Brüder, noch über die Gaben des Heiligen Geistes sprechen.** [2] **Ihr wisst, dass es euch mit unwiderstehlicher Gewalt zu den stummen Götzen getrieben hat, als ihr noch keine Christen wart.** [3] **Deshalb erkläre ich euch ausdrücklich: Niemand kann sagen: „Verflucht sei Jesus!", wenn in ihm der Heilige Geist wirkt. Auch kann keiner von Herzen bekennen: „Jesus ist der Herr!", wenn er nicht den Heiligen Geist hat.** [4] **So verschieden die Gaben auch sind, die Gott uns gibt, sie stammen alle von ein und demselben Geist.** [5] **Und so unterschiedlich auch die Aufgaben in der Gemeinde sind, sie kommen doch alle von dem einen Herrn.** [6] **Es gibt verschiedene Wirkungen des Heiligen Geistes; aber Gott allein ist es, der dies alles in denen wirkt, die zur Gemeinde gehören.** [7] **Wie auch immer sich die Gaben des Heiligen Geistes bei jedem einzelnen von euch zeigen, sie sind zum Nutzen der ganzen Gemeinde bestimmt.** [8] **Dem einen schenkt er im**

rechten Moment das richtige Wort. Ein anderer kann durch den Heiligen Geist den Willen Gottes klar erkennen. ⁹ Wieder anderen schenkt Gott durch seinen Geist unerschütterliche Glaubenskraft und dem nächsten die Gabe, Kranke zu heilen. ¹⁰ Manchen ist es gegeben, Wunder zu wirken. Einige sprechen aus, was Gott ihnen zeigt oder sagt; andere erkennen, was es bedeutet und aus welchem Geist gesprochen wird. Einige beten in anderen Sprachen, und manche schließlich können dieses Gebet für die Gemeinde auslegen. ¹¹ Dies alles bewirkt ein und derselbe Geist. Und so empfängt jeder die Gabe, die Gott ihm zugedacht hat.   1. Korinther 12,1-11

AUSTAUSCH
20 – 40 Minuten / Große Runde

GEBET Beginnen Sie heute den Austausch damit, dass jede/r einen Gedanken äußert, der ihm/ihr im heutigen Bibelgespräch wichtig geworden ist. Im Gebet können Sie das aufgreifen und dafür beten, dass sich für jede/n in der kommenden Woche das vertieft, was ihn/sie angesprochen hat. In dieser Gesprächsrunde ist natürlich – wie immer – auch Gelegenheit, über besondere Schwierigkeiten oder besonders schöne Ereignisse zu sprechen.

Damit keines der genannten Anliegen „untergeht", könnten Sie reihum jede/r für den rechten Nachbarn beten.

Erläuterungen zu Römer 12,1-8

Zusammenfassung. Paulus kommt nach der grundlegenden Lehre auf die praktische Verantwortung der Christen zu sprechen – denn wie man lebt, ist eine natürliche Folge der Inhalte, an die man glaubt. So wird aus der theologischen Unterweisung eine Anleitung zum entsprechenden Lebensstil.

12,1. Weil ihr Gottes Barmherzigkeit erfahren habt. Die Motivation eines Christen für seinen Gehorsam gegenüber Gott ist die überströmende Dankbarkeit für die Barmherzigkeit Gottes.

mit Leib und Leben für Gott da sein. Christliches Leben vollzieht sich nicht in einer mystischen Spiritualität, die das Diesseitige völlig hinter sich lässt. Es ist vielmehr eine lebensnahe, tagtägliche Umsetzung des Liebesgebots (vgl. Römer 6,13; 13,8). Der Gedanke des „Leibes" unterstreicht zugleich das Bild des

Opfers (Vers 1b), in dem das eigene Leben auf den Altar gelegt wird.

Opfer. In den Opferriten des Alten Testamentes wurde das Opfer Gott zum Eigentum übergeben. Das Opfer wurde geheiligt, d.h. ausgesondert, um ausschließlich Gott zu gehören.

lebendiges und heiliges Opfer, das Gott gefällt. Im griechischen Urtext stehen die drei Aussagen „lebendig", „heilig" und „gottgefällig" als gleichgewichtige Bestimmungen zum Begriff „Opfer". Christen sollen ihr Leben verstehen als an Gott übereignet, sie sollen in der ganzen Fülle des Lebens im Einklang mit Gottes Willen leben und so zu dem Opfer werden, das Gott sich wünscht.

12,2. ändert euch. Wörtlich heißt es eigentlich: „Fahrt fort, euch verändern zu lassen"; d.h. es handelt sich um ein fortwährendes Wirken des Heiligen Geistes, das ein Leben lang anhält. Für den Christen geht es darum, für diesen Prozess offen zu bleiben sich immer mehr durch Gottes Geist gestalten zu lassen und seinen Willen immer besser zu erkennen.

beurteilen. Die Umgestaltung durch den Geist Gottes bedeutet nicht, dass Christsein eine rein passive Angelegenheit ist. Wir sind vielmehr zu einer freien Verantwortung für das eigene Handeln und Entscheiden berufen, das auf einer durch den Geist Gottes geschulten Urteilsfähigkeit beruht.

12,3-8. Paulus wendet sich nun an die christliche Gemeinschaft als Ganze, die sich aus Menschen mit unterschiedlichen Gaben zusammensetzt.

12,3 jeden Einzelnen von euch. Was Paulus über die geistlichen Gaben zu sagen hat, betrifft jeden Christen.

Schätzt euch nicht höher ein. Nur wo man sich selbst und die eigenen Fähigkeiten richtig einschätzt, können die unterschiedlichen Gaben dann auch zum Wohl des Ganzen in der Gemeinde zusammenwirken. Der Einzelne soll sich auch nicht an den anderen messen, sondern an dem, was Gott ihm gegeben hat; nur so kann jeder sich richtig einschätzen.

12,4-5. Paulus benutzt ein Bild, das in jeder Kultur verstanden werden kann – das Bild des Leibes. Anhand dieses Bildes zeigt er das Wesen christlicher Gemeinschaft auf: unterschiedliche Gaben, die aber alle zu einem Leib gehören, zum Leib Christi.

12,5. Gemeinsam bilden wir alle den Leib Christi ... jeder Einzelne ist auf die anderen angewiesen. Das ist der alles entscheidende Punkt, wenn es um den harmonischen Zusammenklang der Kirche geht. Die Gläubigen müssen erkennen, dass sie aufeinander angewiesen sind: jeder ist zugleich Gebender und Empfangender.

12,6. Gaben. Gott hat jedem Gläubigen durch seine Gnade bestimmte Gaben geschenkt (die griechischen Worte für „Gnade" und „Gabe" stammen vom gleichen Wortstamm ab), damit jeder Gott mit seinen Gaben dienen kann. Die hier (oder auch an anderen Stellen) aufgeführten Gaben stellen keine vollständige Liste dar; die Aufzählungen in den verschiedenen Briefen der Bibel entsprechen sich nie völlig.

in Gottes Auftrag prophetisch zu reden. Vom Heiligen Geist inspirierte Äußerungen, die sich von Lehraussagen dadurch unterscheiden, dass sie unvermittelt und ungeplant weitergegeben werden; sie entspringen einer direkten Offenbarung Gottes. Das prophetische Reden wurde zu Zeiten des Neuen Testamentes hoch geachtet (vgl. 1. Korinther 14,1).

mit dem Glauben übereinstimmen. Damit könnte gemeint sein, dass prophetisch begabte Menschen dem Drang widerstehen sollen, der prophetischen Rede eigene Aussagen hinzuzufügen. Es könnte auch bedeuten, dass ihr Reden im Einklang mit „dem Glauben", d.h. mit der christlichen Lehre, stehen müssen.

12,7. Wer Gottes Wort lehrt. Im Gegensatz zu den prophetisch begabten Christen (deren Äußerungen einer direkten Offenbarung Gottes entspringen) baut der Lehrer seine Unterweisungen auf dem Studium der Schriften des Alten Testamentes und der Lehre Jesu auf.

12,8. Paulus beendet seine kurze Diskussion der geistlichen Gaben, indem er betont, dass jeder, unabhängig von seinen Gaben, das ihm Anvertraute gern und mit Freude zum Wohle anderer einsetzen soll!

im Glauben ermutigen. Andere zu einem Leben im Gehorsam vor Gott zu ermutigen und darin zu unterstützen.

Wer eine Gemeinde zu leiten hat. Die Gabe, eine Gemeinde zu leiten, soll mit ganzem Einsatz ausgeübt werden.

Kranke und Alte zu pflegen. Bemerkenswerterweise geht es bei drei der sieben hier genannten Gaben darum, bedürftigen Menschen konkrete Hilfe zu leisten (praktischer Dienst, Arme versorgen,

Meine Hoffnungen für die Zukunft

ABLAUF |  **Einstieg** | **Bibelgespräch** | **Austausch**

EINFÜHRUNG INS THEMA

In gewisser Weise haben wir im Verlauf dieses Kurses einen Kreis geschlossen. Es begann damit, dass wir unsere Ziele und Prioritäten unter die Lupe nahmen. Dann ging es darum, diese Überzeugungen in den Bereichen Zeit, Lebensstil, Geld und Beruf umzusetzen. In dieser letzten Einheit werden wir nun noch einmal unsere Ziele und Prioritäten betrachten – diesmal im Zusammenhang mit unserer Einschätzung der Zukunft.

Zukunftsträume machen das Leben spannend und lebenswert. Sie helfen uns, über unsere gegenwärtige Situation hinauszublicken. Träume sind etwas anderes als Fantastereien. Fantastereien sind Wünsche oder Vorstellungen, denen jeder Bezug zur Realität fehlt. Bei Träumen hoffen wir, dass wir sie eines Tages wahr machen können. Wenn wir älter werden, geben wir manchmal unsere Träume auf, und das Leben wird zu einer langweiligen Routine. In einem seiner Romane schreibt James Michener: „Die vernichtende Niederlage des Lebens ereignet sich, wenn die Träume der Wirklichkeit geopfert werden."

Wir können unsere Träume nur wahr machen, wenn wir Risiken eingehen. Es gibt wenige Menschen, die mit Begeisterung Risiken eingehen. Für sie bedeutet Versagen, etwas nicht versucht zu haben. Doch die meisten von uns sind nicht so risikofreudig. *Vorschlag 1* erzählt uns eine Geschichte über Petrus, mit der wir uns identifizieren können. In dieser Geschichte hatte Petrus Gelegenheit, ein Risiko einzugehen, vor dem die meisten von uns zurückschrecken würden.

Gesunde Risiken einzugehen, ist die eine Seite der Medaille. Die andere ist, seine Zukunft ganz Gott anzuvertrauen. Jesus befürwortet beides. In einem Gleichnis (vgl. z.B. Lukas 19, 11-25) lobt Jesus z.B. das Verhalten von zwei Angestellten, die das Risiko eingingen, das ihnen anvertraute Geld zu investieren, und verurteilt das Verhalten des Verwalters, der lieber auf Nummer Sicher ging und sein Geld vergrub. Im Bibeltext zu *Vorschlag 2* (aus der Bergpredigt), ermahnt Jesus seine Jünger, sich weder in der Gegenwart noch in der Zukunft um ihr Leben zu sorgen, sondern vielmehr Gott zu vertrauen.

Heute ist das vorerst letzte Treffen in dieser Gruppe. Vielleicht stellen Sie deswegen heute die Programmpunkte um oder verzichten auf einige Fragen beim Bibelgespräch. Es sollte ausreichend Zeit (mindestens dreißig Minuten) für einen Rückblick vorhanden sein und um darüber zu sprechen, wie es nun mit der Gruppe weitergehen soll.

EINSTIEG
15 – 20 Minuten / Große Runde

Bleiben wir in Bewegung? Welchen Beitrag leisten eigentlich die verschiedenen Mitglieder Ihrer Gruppe, damit die Gruppe in Schwung bleibt und vorankommt? Unten finden Sie eine Liste mit Fahrzeugteilen, die Ihnen eine spielerische Antwort ermöglicht. Reihum liest jede/r jeweils ein Teil auf der Liste vor. Dann kann jede/r Teilnehmer/in den Namen der Person nennen, auf die die Beschreibung am besten passt.

✗ **Batterie:** zuverlässig und beinahe unverwüstlich – von hier fließt die Energie, damit etwas in Gang kommen kann.

✗ **Zündkerze:** bringt die Dinge in Gang und sorgt dafür, dass auch an kalten Tagen genug „Feuer" da ist.

✗ **Öl:** unerlässlich, damit der Motor sich nicht festfrisst; sorgt für eine längere Fahrleistung und schützt die schnell arbeitenden Teile vor Abnutzung.

✗ **Stoßdämpfer:** Federt heftige Schläge ab, sorgt für eine angenehme und bequeme Fahrt.

✗ **Radio:** Wichtigstes Stimmungsinstrument, damit die Fahrt Spaß macht; verhilft oft zum nötigen Schwung.

✗ **Schalldämpfer:** verwandelt das Gedröhn des Motors in ein sanftes Schnurren, selbst bei Hochgeschwindigkeit auf schlechter Piste.

✗ **Becherhalter:** ein guter Diener, der wichtige Bedürfnisse befriedigt.

✗ **Wagenheber:** trägt die Last anderer; besonders bei Pannen und Krisen unentbehrlich und hilfreich.

✗ **Getriebe:** verwandelt Energie in Bewegung; ermöglicht es dem Motor, die Geschwindigkeit zu wechseln, ohne die Gänge zu überlasten.

✗ **Sicherheitsgurt/Airbag:** schützt andere, wenn sie Gefahr laufen sich zu verletzen.

✗ **Kraftstoff:** lässt sich verbrennen, um das Ganze am Laufen zu halten.

✗ **Scheibenwischer:** sorgt für klare Sicht, wischt alle „Tränen" ab.

BIBELGESPRÄCH
30 – 40 Minuten / Vierergruppen

VORSCHLAG 1

Volles Risiko
Matthäus 14,22-33

Fast jeder Mensch kann sich mit Petrus identifizieren. Er schien ein Gespür dafür gehabt zu haben, im richtigen Augenblick das Falsche zu tun oder zu sagen. Aber er war auch einer, der bereit war, Risiken einzugehen. Lesen Sie die Geschichte aus dem Matthäusevangelium gemeinsam durch und sprechen Sie anschließend in den Gruppen über die Fragen.

²² Danach befahl Jesus seinen Jüngern, in das Boot zu steigen und an das andere Ufer des Sees vorauszufahren. Er blieb zurück, um die Leute zu verabschieden. ²³ Dann ging er allein auf einen Berg, um zu beten. Es wurde Nacht. ²⁴ Draußen auf dem See gerieten seine Jünger in Not. Ein Sturm war losgebrochen, und sie hatten große Mühe, das Boot vor dem Kentern zu bewahren. ²⁵ Gegen vier Uhr morgens kam Jesus auf dem Wasser zu ihnen. ²⁶ Als sie ihn sahen, schrien die Jünger vor Entsetzen, weil sie dachten, es sei ein Gespenst. ²⁷ Aber Jesus sprach sie sofort an: „Ich bin es doch! Habt keine Angst!" ²⁸ Da rief Petrus: „Herr, wenn du es wirklich bist, lass mich auf dem Wasser zu dir kommen." ²⁹ „Komm her!", antwortete Jesus. Petrus stieg aus dem Boot und ging Jesus auf dem Wasser entgegen. ³⁰ Als er aber die hohen Wellen sah, erschrak Petrus, und im selben Augenblick begann er zu sinken. „Herr, hilf mir!", schrie er. ³¹ Jesus streckte ihm die Hand entgegen, ergriff ihn und sagte: „Hast du so wenig Glauben, Petrus? Vertraue mir doch!" ³² Nachdem beide das Boot bestiegen hatten, legte sich der Sturm. ³³ Da fielen die anderen vor Jesus nieder und bekannten: „Du bist wirklich der Sohn Gottes!"

„Glaube ist in etwa so, als würde man in 3000 Metern Höhe aus dem Flugzeug springen. Wenn Gott dich nicht auffängt, bist du erledigt. Aber wie willst du wissen, ob er dich auffangen wird, wenn du nicht springst?"
Ann Kiemel Anders

1. Was hätten Sie gedacht, als Sie Petrus aus dem Boot steigen sahen?
   ❏ Jetzt dreht er durch.
   ❏ Mann, hat der Mut!
   ❏ Ich wollte, ich hätte seinen Glauben.
   ❏ Typisch! Er handelt mal wieder ohne zu denken.
   ❏ Eigentlich beneide ich ihn.
   ❏ _____

2. Warum begann Petrus zu sinken?
   ❏ Er verlor sein Selbstvertrauen.
   ❏ Er schaute nicht mehr auf Jesus, sondern auf die äußeren Umstände.
   ❏ Seine Angst war größer als sein Glaube.
   ❏ Er erkannte, wie irrsinnig es gewesen war, aus dem Boot zu steigen.
   ❏ _____

3. Mit welcher Haltung „steigen Sie aus dem Boot", um etwas zu wagen?
   ❏ mutig
   ❏ vorsichtig – erst nur die große Zehe aufs Wasser setzen
   ❏ in panischer Angst
   ❏ Man muss alles einmal ausprobiert haben.
   ❏ Ich lasse lieber anderen den Vortritt.
   ❏ _____

4. Welche Träume haben Sie für Ihre Zukunft? Welche Risiken sind damit verbunden?

5. Was hat Risikobereitschaft mit dem Glauben zu tun?
- ❏ Gar nichts.
- ❏ Wer an Christus glaubt, kann Risiken eingehen.
- ❏ Risiken einzugehen ist dann gut, wenn man an sich selbst und seine Fähigkeiten glaubt.
- ❏ Glauben beinhaltet die Bereitschaft, Risiken einzugehen.
- ❏ _____

„Wenn wir wirklich an etwas glauben, haben wir keine andere Wahl, als uns weiter vorzu-wagen."
Graham Greene

6. Wo haben Sie momentan den Eindruck, dass Gott Sie einlädt, „aus dem Boot zu steigen"?
- ❏ Im Beruf – ich soll etwas Gewagtes tun.
- ❏ In meinen Beziehungen zu anderen – ich soll ein konkretes Beziehungsproblem angehen.
- ❏ In meinem Seelenleben – ich soll mich einem inneren Konflikt stellen.
- ❏ Bei meiner Zukunftsplanung – ich soll etwas tun, wovor ich mich fürchte.
- ❏ In meinem Glaubensleben – ich soll Gott an die erste Stelle setzen.
- ❏ _____

7. Was könnte dazu führen, dass Sie „sinken"?
- ❏ die Angst vor dem Versagen
- ❏ meine Unbeständigkeit
- ❏ ungesunde Beziehungen
- ❏ das Gefühl der Unzulänglichkeit
- ❏ meine Voreiligkeit, Dinge anzugehen, bevor ich die Kosten überschlagen habe
- ❏ die Angst, allein dazustehen, wenn's drauf ankommt
- ❏ meine Skepsis
- ❏ _____

8. Welche Hilfe erwarten Sie von Gott?
- ❏ dass er mir so etwas nicht zumutet
- ❏ dass er mir zusagt, dass ich auch versagen darf
- ❏ dass er mir einen Schubs gibt
- ❏ dass er mir Menschen schenkt, die mir Mut machen und mich unterstützen
- ❏ dass er mit mir aus dem Boot steigt
- ❏ _____

Sorgenfreie Zukunft?
Matthäus 6,25-34

Unmittelbar vor dieser Passage sagt Jesus: Ihr könnt nicht „zur selben Zeit für Gott und das Geld leben" (Vers 24). Das schließt die Überzeugung ein, dass die Jünger sich nicht um die Bedürfnisse des täglichen Lebens (Wohnung, Nahrung, Kleidung usw.) sorgen müssen. Gott kümmert sich um die, die ihm vertrauen – dies macht Jesus an verschiedenen Beispielen deutlich. So erhalten die Vögel von Gott ihre Nahrung, den Blumen wird ihre Schönheit von Gott gegeben. Gottes Kinder – so will uns Jesus zeigen –, die doch so viel mehr wert sind als Vögel und Blumen, können sich ebenso auf Gott verlassen; er wird sie mit der gleichen Sorgfalt versorgen. Wer sich Sorgen macht, der verlässt sich nicht genug auf Gott.

Im folgenden Abschnitt aus der Bergpredigt geht es um die richtige Einstellung zu unserer Zukunft. Zu Jesu Zeiten besaßen diese Worte vermutlich noch mehr Brisanz. Damals war die Versorgung mit genügend Nahrung und Kleidung noch wesentlich ungesicherter, als das heute in vielen Ländern der Fall ist. Lesen Sie den Bibeltext und sprechen Sie anschließend in den Gruppen über die Fragen.

[25] Darum sage ich euch: Sorgt euch nicht um euren Lebensunterhalt, um Essen, Trinken und Kleidung. Leben bedeutet mehr als nur Essen und Trinken, und der Mensch ist mehr als seine Kleidung. [26] Seht euch die Vögel an! Sie säen nichts, sie ernten nichts und sammeln auch keine Vorräte. Euer Vater im Himmel versorgt sie. Meint ihr nicht, dass er sich um euch noch viel mehr kümmert? [27] Und wenn ihr euch noch so viel sorgt, könnt ihr doch euer Leben auch nicht um einen Augenblick verlängern. [28] Weshalb macht ihr euch so viele Sorgen um eure Kleidung? Seht euch die Blumen auf den Wiesen an! Sie arbeiten nicht und kümmern sich auch nicht um ihre Kleidung. [29] Doch selbst König Salomo in seiner ganzen Herrlichkeit war lange nicht so prächtig gekleidet wie irgendeine dieser Blumen. [30] Wenn aber Gott sogar das Gras so schön wachsen lässt, das heute auf der Wiese grünt und morgen vielleicht schon verbrannt wird, meint ihr, dass er euch dann vergessen würde? Vertraut ihr Gott so wenig? [31] Hört also auf, voller Sorgen zu denken: ‚Werden wir genug zu essen haben? Und was werden wir trinken? Was sollen wir anziehen?' [32] Wollt ihr denn leben wie die Menschen, die Gott nicht kennen und sich nur mit diesen Dingen beschäftigen? Euer Vater im Himmel weiß ganz genau, dass ihr das alles braucht. [33] Gebt nur Gott und seiner Sache den ersten Platz in eurem Leben, so wird er euch auch alles geben, was ihr nötig habt. [34] Deshalb habt keine Angst vor der Zukunft! Es ist doch genug, wenn jeder Tag seine eigenen Lasten hat. Gott wird auch morgen für euch sorgen."

„Sorgen nehmen nicht dem Morgen seine Schmerzen; sie rauben dem Heute seine Kraft."
Corrie ten Boom

1. Wie sieht es in Ihrer Familie aus: Wer macht sich die meisten Sorgen? Wer bleibt ruhig und besonnen, selbst wenn es hart auf hart geht?

2. Warum bedeutet es laut Jesus einen Mangel an Glauben, wenn jemand sich Sorgen macht über die Dinge des täglichen Lebens und über seine Zukunft? Was lernen Sie aus dem Bild, wie Gott für die Vögel und die Blumen sorgt?

3. Was bedeutet es, „Gott und seiner Sache den ersten Platz" im Leben zu geben? Inwieweit macht einen dies von Sorgen frei? (Siehe auch die Anmerkung zu Vers 33.)

4. Bleiben Glaubende von Hunger, Katastrophen und anderem Leid verschont? Wenn Jesus uns *kein* problemfreies Leben verspricht, was verspricht er uns dann eigentlich (siehe Vers 34 und die Anmerkung dazu)?

5. Was meint Jesus, wenn er sagt: „Habt keine Angst vor der Zukunft" (Vers 34)?
   - ❏ Macht keine Pläne für die Zukunft.
   - ❏ Plant eure Zukunft, damit ihr euch keine Sorgen machen müsst.
   - ❏ Lebt in den Tag hinein.
   - ❏ Gott wird für euch sorgen, egal was ihr tut.
   - ❏ Vertraut Gott die Dinge an, die ihr ohnehin nicht in der Hand habt.
   - ❏ _____

6. Andere Bibelstellen fordern uns auf, Vorsorge zu treffen, hart zu arbeiten und uns um das Wohl unserer Familien zu kümmern (s. Sprüche 6,6-8; 10,4; 2. Thessalonicher 3,6-12). Wie passen diese Ermahnungen zu den Aussagen Jesu in diesem Text?

8. Was macht Ihnen mit Blick auf die Zukunft am meisten Sorgen? Wie groß sind diese Sorgen? Wie intensiv beten Sie für diese Dinge?

9. Wo brauchen Sie Gottes Wegweisung für Ihre Zukunftsplanung?

AUSTAUSCH
20 – 40 Minuten / Große Runde

Heute sollten Sie sich für den Austausch ausreichend Zeit nehmen. Es geht um einen Rückblick auf diesen Kurs und um Entscheidungen für die Zukunft.

RÜCKBLICK

Die folgenden Fragen können helfen, Ihre Erfahrungen in dieser Gruppe noch einmal Revue passieren zu lassen und zu überlegen, ob und wie Sie weitermachen wollen.

In diesem Kurs haben wir eine Art Inventur in unserem Leben vorgenommen. Jetzt soll es auch um ein Fazit dieses Kurses gehen. Hat er Sie weitergebracht? Überlegen Sie, in welchen Bereichen Ihres Lebens Sie durch diese Gruppe vorangekommen sind, und tauschen Sie sich über Ihre Erfahrungen aus.

1. Was war für Sie die wichtigste Erkenntnis in diesem Kurs?

2. Soweit ich es sehe, war das Hauptziel unserer Gruppe:

   _____

   _____

3. Wir haben unser Ziel/unsere Ziele erreicht:
❏ vollständig   ❏ nur bruchstückhaft
❏ fast vollständig   ❏ überhaupt nicht

4. Der Höhepunkt dieses Kurses war für mich:
❏ der Austausch mit anderen
❏ mich selbst neu zu entdecken
❏ zu einer Gemeinschaft zu gehören
❏ die Arbeit an den Bibeltexten
❏ neu über mein Leben nachzudenken
❏ der Spaß, den wir zusammen hatten
❏ das Getragensein durch das gemeinsame Gebet
❏ _____

5. Nach meiner Ansicht war das Miteinander in der Gruppe ...
❏ prima, wir haben uns gut verstanden.
❏ ganz gut, aber es hätte noch besser werden können.
❏ ziemlich schwierig, aber wir haben uns gemacht.
❏ von Anfang an schwierig, und leider blieb es auch so.
❏ _____

6. An dieser Gruppe hat mir am besten gefallen:

_____

7. Nicht gefallen hat mir:

_____

FORTSETZUNG   Möchten Sie als Gruppe zusammenbleiben? Was möchten Sie in diesem Fall verbessern? Sprechen Sie über die verschiedenen Vorschläge.
Wenn ich für die Zukunft etwas verbessern könnte, dann wäre das ...

VEREINBARUNG   Wenn Sie weiterhin zusammenbleiben wollen, können Sie heute schon den künftigen Kurs abstecken. Ziel dabei ist es, deutlich zu machen, dass alle die Verwirklichung der gemeinsamen Ziele der Gruppe unterstützen wollen.
Legen Sie gemeinsam fest, welche der nachstehenden Regeln weiterhin gelten sollen und welche Sie eventuell ergänzen wollen.
Sie können die Punkte, in denen Sie sich einig werden, als verbindliche Vereinbarung etwa folgendermaßen schriftlich formulieren.

1. Das Ziel dieser Gruppe ist ...

_____

2. Wir treffen uns weiterhin für ___ Wochen. Danach entscheiden wir, ob wir weiterhin zusammenbleiben wollen.

SPIELREGELN

3. Wir einigen uns auf folgende Spielregeln.

❑ **Anwesenheit:** Solange wir zu dieser Gruppe gehören, haben die Gruppentreffen für uns Vorrang.

❑ **Vertraulichkeit:** Was in der Gruppe zur Sprache kommt, wird nicht nach außen getragen.

❑ **Verbindlichkeit:** Die Gruppe hat das Recht, die einzelnen Teilnehmer an ihre Ziele zu erinnern, die sie sich selbst gesetzt haben.

❑ **Unterstützung:** Wenn es nötig ist, sind wir füreinander da – jederzeit.

❑ **Offenheit:** Die Gruppe bleibt offen für weitere Personen, sofern sie mit den Regeln einverstanden sind.

❑ **Dauer:** Die Gruppe trifft sich verbindlich für ____ weitere Treffen. Am Ende des Kurses entscheidet sie sich, ob sie sich trennt oder weiter zusammenbleibt, um ein weiteres Thema miteinander zu erarbeiten.

❑ _____

❑ _____

GESPRÄCHS-GRUNDLAGE

Falls Sie sich darauf einigen, als Gruppe zusammenzubleiben, sollten sie festlegen, was sie als Gesprächsgrundlage wählen. Im Rahmen von SERENDIPITY Kleingruppen-Material sind noch weitere Kurshefte zu verschiedenen Themen erschienen (vgl. die letzte Seite dieses Heftes).

GEBET

Heute, beim letzten Treffen dieses Kurses, können Sie in Ihrem Gebet vor allem den Dank in den Mittelpunkt stellen für alles, was in Ihrem Rückblick an positiven Erfahrungen genannt wurde.

6,25. Darum sage ich euch. Dieser Abschnitt zieht die Konsequenzen aus dem, was in Matthäus 6,19-24 bereits angesprochen wurde. Wer einen Schatz im Himmel hat (6,20) und wessen Loyalität Gott gilt und nicht dem Geld, der braucht sich auch keine Sorgen um die materiellen Bedürfnisse des Lebens zu machen.
Sorgt euch nicht. Sorge und Angst sind so etwas wie eine Lebenshaltung. Wer sich für ein Leben im Vertrauen auf Gott entschieden hat, kann sich auch von den Zwängen eines materialistischen Lebensstils verabschieden.
Leben bedeutet mehr als nur Essen. Der Materialismus reduziert das Leben letztlich auf die Frage, wie der Mensch zu Nahrung und Kleidung kommt. Das gehört zwar notwendigerweise zum Leben dazu, doch eine materialistische Haltung macht diese Dinge zum zentralen Lebensinhalt.

6,26. Jesus zeigt, wie töricht es ist, die Sorge ums Essen zum zentralen Lebensinhalt zu machen, indem er darauf hinweist, dass Gott sogar für die Vögel unter dem Himmel sorgt. Er will damit nicht sagen, die Jünger müssten nichts mehr für ihren Lebensunterhalt tun. Doch ihr Vertrauen ruht letztlich auf Gott, der ihre Bedürfnisse stillt. „Gott sorgt, wir aber sollen arbeiten" (Martin Luther).

6,27. nicht um einen Augenblick. Alle Sorge dieser Welt kann das Leben eines Menschen nicht um einen einzigen Augenblick verlängern – wozu also machen wir uns Sorgen?! (Und die moderne Medizin würde dieser Aussage sicher noch hinzufügen, dass das Leben eines Menschen durch den Stressfaktor Sorge und die damit verbundenen Erkrankungen sogar verkürzt wird.)

6,28-30. Als Schlussfolgerung aus Vers 25 ermutigt Jesus seine Jünger, sich die Blumen anzusehen: völlig unfähig, sich besorgt um das zum Leben Notwendige zu kümmern, sind sie dennoch wunderschön. Gott schenkt ihnen diese Schönheit; warum sollten die Menschen, die

sich auf Gott verlassen, fürchten, dass er sich um sie nicht kümmern werde?

6,29. König Salomo. Salomo, der dritte König in der Geschichte des Volkes Israel, war berühmt für seinen unsagbaren Reichtum (1. Könige 10,14-29). Die Tatsache, dass selbst die einfachste Blume anmutiger und schöner gekleidet ist als der reichste damals bekannte Mensch, zeigt, wie unsinnig es wäre, sich um Kleidung zu sorgen.

6,30. morgen vielleicht schon verbrannt wird. Jesus dachte nicht an solche Blumen, die man sich als Schmuck in die Vase stellt, sondern an blühendes Unkraut, das man als Brennstoff verwandte. Wenn diese „überflüssigen" Gräser schon so schön sind, dann können die Jünger gewiss sein, dass Gott sie mit allem Nötigen versorgen wird.

6,31. essen, trinken, anziehen. Das ist die „Dreieinigkeit weltlicher Sorgen".

6,33. Nachdem Jesus den Jüngern gesagt hat, worauf sie ihr Augenmerk *nicht* legen sollen (nämlich auf die Sorge), sagt er ihnen nun, was ihre ganze Aufmerksamkeit verdient: Sie sollen ihren Blick auf das Handeln Gottes („seine Sache") und auf Gottes Wesen richten. Das ganze Leben – von der inneren Haltung bis hin zum Engagement in der Gesellschaft – soll diesem einen Ziel dienen. Das Ziel eines Christen soll sein, dass alles, was er denkt, sagt und tut, Gott groß macht. Menschen, die ganz auf Gott ausgerichtet sind, werden sich nicht um materielle Dinge sorgen, weil ihre Bedürfnisse in Gottes Hand stehen.

6,34. Zukunft. Sorgen haben mit der Frage nach unserer Zukunft zu tun. Die Jünger sollen einen Tag nach dem anderen angehen und sich nicht vor dem fürchten, was möglicherweise geschehen wird.
Lasten. Den Jüngern wird kein Leben ohne Schwierigkeiten und Probleme versprochen. Doch Jesus verspricht ihnen die Fürsorge Gottes.

Adressen von Gruppenmitgliedern

Name	✍ Adresse	☎ Telefon / Fax

Titel der amerikanischen Originalausgabe: Assessment. Personal Audit
© 1998 Serendipity House, Littleton, Colorado.
Alle Rechte vorbehalten.
Aus dem Amerikanischen von Ulrike Becker
Redaktion: Renate Hübsch

© der deutschen Ausgabe:
2001 Brunnen Verlag Gießen
Umschlagmotiv: Thomas Vogler
Umschlaggestaltung: Ralf Simon
Satz: DTP Satz, Eva Joneleit
Herstellung: St.-Johannis-Druckerei, Lahr
ISBN 3-7655-0728-8

Bibeltexte sind entnommen aus der Übersetzung „Hoffnung für alle", herausgegeben vom Brunnen Verlag Basel und Gießen.
© 1991/1996 by International Bible Society.
Übersetzung: Brunnen Verlag Basel und Gießen.
Alle Rechte vorbehalten.